马尔代夫7000套社会住房项目近景

参与当地环保活动

胡鲁马累二期

马尔代夫的海

"一带一路"合规经营
系列丛书

工程建设企业境外合规经营指南

马尔代夫

中国施工企业管理协会
中建国际建设有限公司 | 编著

中国市场出版社
China Market Press

·北京·

图书在版编目（CIP）数据

工程建设企业境外合规经营指南. 马尔代夫 / 中国施工企业管理协会，中建国际建设有限公司编著. 北京：中国市场出版社有限公司，2024. 10. --（“一带一路”合规经营系列丛书）. -- ISBN 978-7-5092-2600-1

Ⅰ. F416.9-62；F435.969-62

中国国家版本馆 CIP 数据核字第 20247UK274 号

工程建设企业境外合规经营指南：马尔代夫

GONGCHENG JIANSHE QIYE JINGWAI HEGUI JINGYING ZHINAN：MA'ERDAIFU

编　　著：中国施工企业管理协会 中建国际建设有限公司
责任编辑：袁　铭

出版发行：中国市场出版社
社　　址：北京市西城区月坛北小街 2 号院 3 号楼（100837）
电　　话：（010）68034118/68021338
网　　址：http：//www.scpress.cn

印　　刷：河北鑫兆源印刷有限公司
规　　格：145mm×210mm　　32 开本
印　　张：9.375　　**字　　数**：235 千字
版　　次：2024 年 10 月第 1 版　　**印　　次**：2024 年 10 月第 1 次印刷
书　　号：ISBN 978-7-5092-2600-1
定　　价：68.00 元

《工程建设企业境外合规经营指南：马尔代夫》

编委会

专家审核组成员：

马燕冰　中国现代国际关系研究院研究员
何　胜　对外经贸大学教授
章旭彦　中国施工企业管理协会合规顾问
彭世红　中建国际建设有限公司副总经理
岐温华　中国电建集团海外投资有限公司总法律顾问兼首席合规官
张　磊　中国土木工程集团有限公司中土研究院副院长
宋玉祥　上海市建纬（北京）律师事务所高级合伙人
张明明　中国石油天然气第一建设有限公司企管法规部经理
张玉金　江西中煤建设集团有限公司企业管理部部长、合规办公室主任

PREFACE
序言

“一带一路”倡议是顺应全球治理体系变革，彰显同舟共济、命运与共意识的国际公共产品。作为完善全球治理体系、推动构建人类命运共同体的中国方案，共建“一带一路”已经成为171个国家（地区）和国际组织开展国际合作的新模式，正在向高质量共建的阶段迈进。

共建“一带一路”在完成总体布局的基础上，聚焦重点、深耕细作，扎实推进项目实施，累计开展了3000多个项目，可圈可点的成果、实实在在的好处，让“一带一路”朋友圈不断扩大。中国企业参与“一带一路”建设的程度也越来越深入，面临的市场环境越来越复杂，合规经营在企业可持续发展中也显得越来越重要。

为更好地帮助企业提高合规经营管理水平，有效防范及化解经营风险，早在2017年5月，习近平总书记就中国企业合规经营问题，在中央全面深化改革领导小组会议上，明确指出加强企业海外经营行为合规制度建设的必要性。2018年7月1日，国家标准《合规管理体系指南》（GB/T 35770—2017）正式实施；2018年11月2日，国务院国资委《中央企业合规管理指引（试行）》发布实施；2018年12月26

日，国家发展改革委正式发布《企业境外经营合规管理指引》，为中国企业更好地开展境外经营业务、建立合规管理体系和制度，提供了官方的指导意见。

中国施工企业管理协会基于工程建设行业的实践经验和研究成果，联合 12 家会员单位，在国家发展改革委区域开放司的指导下，出版《工程建设企业境外合规经营指南》（以下简称《指南》），结合企业自身情况，以丰富翔实的案例，系统地从市场环境、通用规则、国别（地区）规则以及示范项目等角度展示了中国企业在境外稳扎稳打、开拓进取的合规发展历程，具有针对性、实务性和系统性的特点，是一套指导性非常强的工具书。

《指南》的出版有利于帮助广大施工企业适应国际工程承包自由化、便利化的市场环境，引导企业以实现行业高质量发展为目标，期望通过树立境外合规经营优秀典型，分享境外合规运营经验，帮助企业完善合规运营体系，形成合规文化，提升企业在国际市场中的竞争力。同时，在更广泛的范围倡议共建“一带一路”的企业，增强机遇意识和风险意识，夯实基础，固牢底线，趋利避害，在发展中不断前进，在合作中茁壮成长。

曹玉書

2021 年 12 月

PREFACE

前言

马尔代夫是率先加入“一带一路”倡议的国家之一，也是最早从中受益的国家之一。近年来，中马共建“一带一路”合作成果丰硕。中马建交 52 年来，两国始终相互尊重、相互支持，树立了大小国家平等相待、守望相助、互利共赢的典范。2014 年，习近平主席对马尔代夫进行历史性国事访问，双方一致同意建立中马面向未来的全面友好合作伙伴关系。10 年来，中马关系深入发展，两国传统友谊不断深化，两国关系迈上新台阶、打开合作新局面。2024 年 1 月 10 日，国家主席习近平在人民大会堂同来华进行国事访问的马尔代夫总统穆伊兹举行会谈。两国元首宣布，将中马关系提升为全面战略合作伙伴关系。当前，规范指导企业在马尔代夫以及全球市场坚持合规经营显得更加重要。

中建国际建设有限公司（以下简称中建国际）总部位于北京和苏州，隶属于全球最大投资建设集团——中国建筑集团有限公司（以下简称中国建筑），是中国建筑唯一一家总部设在国内，以海外业务为主、国内外一体化发展的二级子企业。中建国际作为中国建筑海外业务孵化平台、海外投资平台、模式升级平台，主要承担引领系统内企业“走出去”，不断开拓新市场、开发新业务、探索新模式，带动集团海外业务转型升级、实现高质量发展的历史重任。2021年，中建国际注册落户苏州，开启国内外一体化新征程，坚持以投资金融、科技研发为驱动，打造投建营一体化的全产业链发展平台，培育优势互补、共生共赢的发展生态，形成高端资源、人才聚集效应，实现国内、国际资源双向交换、高效流动，国内、国际市场相辅相成、相互促进。目前，中建国际积极推进海外区域化经营布局，设立各类驻外机构42个，分布在海外30多个国家和地区，经营范围涵盖房屋建筑、基础设施、投资开发及我国对外援建和使领馆建设等领域。

在南亚区域，中建国际精耕马尔代夫市场多年，抓住“一带一路”沿线国家基础设施建设的市场机遇，加快推动民生项目建设合作，承担了多项重大工程建设项目。其中最为典型的是马尔代夫胡鲁马累二期岛的7000套社会住房项目工程，中建国际承担了该项目总体规划设计、总体融资以及项目的全部施工任务。该工程是中央企业响应“一带一路”建设号召，在马尔代夫建筑市场树立的标杆，成为当地最大的保障房项目和最高的房建类群楼工程，占中国企业为马尔代夫建造住宅总数的70%，是中马共建海上丝绸之路的有力见证，项目荣获2020—2021年度中国建设工程鲁班奖，2022—2023年度国家优质工程奖，中国建筑集团有限公司2023年度“中建杯”优质工程金质奖等重要奖项。近4年来，中建国际承接的马尔代夫五桥项目、马尔代夫1号河道项目、Ooredoo商务办公楼项目、马累岛和维利马累岛垃圾转运站项目均顺利交付，主要技术、经济和环保指标达到世界同级别领先水平。这些工程为马尔代夫经济建设注入了新动能，扎根项目多年的管理实践为更多中国企业走进马尔代夫市场积累了合规经营的经验，不仅有力推动了中国建筑标准与技术在马尔代夫建筑市场的推广以及与当地习惯做法的融合，而且助力中国产品“走出去”，在当地逐步树立起了物美价廉的良好形象。

中建国际积极借鉴国际先进的合规管理经验，结合企业在马尔代夫工程项目建设特点，建立起切实有效的合规管理体系和制度，希望这些合规管理经验能够帮助更多到马尔代夫发展的企业避免违规行为，积极应对和化解各种潜在风险，与更多的中国工程建设企业一道在“一带一路”的道路上走深走实、行稳致远。

CONTENTS
目录

Chapter 1

第一章

境外工程建设合规管理的重要性

“合规”一词源自英文 compliance，是指企业行为符合法律法规及其内部规章制度和商业道德的要求。企业合规管理本质上是对企业内部的自我管理提出了要求，不仅要求其合法合规，还要求其遵守企业自己制定的规章和社会承认的商业道德。近年来，随着中国“走出去”战略、“一带一路”倡议的推动，越来越多的企业走出国门，开始广泛参与跨国经营，而与此同时，越来越多的中国企业遭受海外合规处罚，引发了国内企业对于合规问题的关注和思考。

一、合规的起源

（一）企业合规思想的起源

合规思想最早可追溯到成立于 1906 年的美国食品和药物管理局（FDA）当时对食品和药物安全的监管，这促使部分企业开始将合规视为企业运营的一部分。20 世纪 50 年代，英国为发展外向型经济，向外扩张本土企业。尽管当时的英国法律以及各个行业的规章制度相对比较完善，但对外投资要做到“入乡随俗”，英国本土的法规、企业规章和文化理念等已不适用于投资所在国。在此背景之下，从国家、行业和人员三个层面考虑，英国率先推出合规。

（二）企业合规体系的诞生

20 世纪 60 年代，因电气设备行业龙头企业的垄断行为，美国开始反垄断大潮，政府在该领域重拳出击，合规管理随着美国《反托拉斯法》（反垄断法）的实施而得到了普及，在当时促使很多企业开始建立反垄断合规体系。

（三）企业专项合规体系的建设

20 世纪 70 年代，为应对这一时期出现的系列财务丑闻，美国证券交易委员会在 1977 年颁布了《反海外腐败法》，要求上市公司在贿赂、回扣、记账和其他方面执行合规政策。《反海外腐败法》在合规的世界发展史上具有标志性意义。一方面是因为该法在反腐败领域具有广泛的域外管辖效力，至今仍然是悬在各跨国企业头上的“达摩克利斯之剑”；另一方面是因为该法要求企业对资金往来进行准确的会计记录，从而直接介入了企业财务内控体系的建设。

1986 年，美国发布了《环境审计政策声明》，将企业环保作为合规工作要点，鼓励公司对设备使用是否符合环保要求进行系统、定期和客观的检查，以确保公司合规体系的有效性，发现潜在的环保违规问题。同一年，美国军火企业联合起草了《国防工业的商业伦理与企业活动精神》，将自觉履行合规管理制度作为企业自律的要求。1988 年，美国又通过了《内幕交易与证券欺诈取缔法》，进一步防止证券内幕交易。这一系列专项法案的制定推动了企业在问题领域专项合规体系的建设。

二、合规体系的成形与完善

（一）企业合规体系的成形

20 世纪 90 年代以前的合规管理多集中在某些具体领域，从 20 世纪 90 年代开始，企业全面合规体系建设逐渐成形。标志性的事件是 1991 年美国量刑委员会发布《针对机构实体联邦量刑指南》（简称《量刑指南》）。

《量刑指南》主张将机构实体是否具备完善的合规体系作为减轻刑事责任的重要考量。该指南的出台标志着现代合规理念与合规标准的成形。企业按照《量刑指南》的合规标准审查现有合规体系或建立新合规体系。

1992 年，关于通过控制危险废物跨越国境的转移和处置来防止危险废物对环境和人体健康造成危害的全球性国际公约——《巴塞尔公约》开始生效，目前已经有 187 个国家签署。

1995 年，联合国首次提出“全球契约”的构想，号召企业以承诺遵守国际行为准则的方式，使经济活动兼顾社会公益，承担相关社会责任。2004 年，“全球契约”扩充形成人权、劳工标准、环境、反贪污四个方面的十项基本原则。

1997 年，经济合作与发展组织（OECD，简称经合组织）成员国达成《反对国际商业活动中向海外政府官员行贿行为公约》。

（二）企业合规体系的规范

2001—2002 年，安然有限公司和世界通信公司等企业发生财务造假丑闻，暴露出美国上市公司治理和财务审计方面存在的严重问题。为加强公司监管、重振投资者信心，美国国会于 2002 年通过《萨班斯-奥克斯利法案》（简称《萨班斯法案》），对美国上市公司财务监管中存在的问题作出了针对性规定。

《萨班斯法案》适用于所有在美国上市和准备赴美上市的公司，包括外国公司，如中国的阿里巴巴、网易等，因而对世界范围内的企业经营和合规管理产生了深远影响。

2004 年，巴塞尔银行监管委员会颁布《巴塞尔协议》，鼓励银行不仅要识别当前的风险，而且要识别将来的风险，并且改进现有的风险管理体系来管理这些风险。2005 年，巴塞尔银行监管委员会又发布了《合规与银行内部合规部门》高级文件。

这一时期对合规发展产生重要影响的，还包括 2004 年修订后的《针对机构实体联邦量刑指南》。修订后的《量刑指南》为评估合规体系的有效性规定了更为细致和严格的要求，包括但不限于：培养诚信合规的组织文化、强调管理层对合规体系的监督、加强员工合规培训和宣介、建立内外部风险评估机制等内容。

（三）企业合规体系的发展和完善

肇端于 2007 年的次贷危机席卷全美。为遏制金融违规、挽回公众信任，美国国会于2010年通过了《多德-弗兰克华尔街改革和消费者保护法案》。该法案的规则覆盖了几乎整个金融业和国民经济，旨在改善金融业责任制和透明度，避免再次发生经济危机，是美国金融业自大萧条以来最为深远的一次改革。

反腐败合规在这一阶段再次成为热点。以美国对德国西门子公司的反腐败执法案为代表，美国司法部和证券交易委员会在这一时期对大量跨国公司进行了反腐败调查和执法。受《反海外腐败法》巨额罚款的警示（西门子被罚约16亿美元）和会计条款的要求，众多企业开始不断加强自身的反腐败合规体系建设。

2010年，《量刑指南》再次修订，此次修订强调了合规官的独立性，对企业合规体系建设产生了不小的影响。

2010年，经合组织颁布《内控、道德与合规最佳行为指南》，要求企业制定明确的政策来禁止海外贿赂，制定针对所有员工的合规执行体系、相关交流和培训机制、完善的举报制度等。

2014年，国际标准化组织发布实施了《合规管理体系 指南》（ISO 19600），将合规管理分为建立和改进两部分，包括确定合规范围、建立合规方针、评估合规风险、制订应对计划、实施和控制、评估和报告、持续改进等阶段，为所有规模和类型的企业建立有效的合规管理体系提出了指导性建议。

2014年，亚太经合组织通过了《北京反腐败宣言》《亚太经合组织预防贿赂和反贿赂法律执行准则》《亚太经合组织高效率公司合规项目基本要素》。

2016年，国际标准化组织颁布了《反贿赂管理体系——要求和使用指南》（ISO 37001：2016），对于企业运营当中可能存在的不正当的利益往来行为，阐述了预防、发现和应对措施。

2017 年，美国司法部发布的《合规管理体系评估》罗列了问题样本清单，企业可以对照这份清单，对自身合规管理体系的充分性和效能进行评估。

2019 年，《量刑指南》更新版明确提出了 12 项评估合规体系有效性的指标，并在《商业组织联邦起诉原则》中明确提出了 3 个评价标准：合规体系是否设计良好？是否有效实施？是否实际发挥作用？

2021 年，国际标准化组织的《合规管理体系 要求及使用指南》（ISO 37301：2021）正式发布实施。ISO 37301 规定了组织建立、运行、维护和改进合规管理体系的要求，并提供了使用指南，适用于全球任何类型、规模、性质和行业的组织。

到目前为止，经营合规的概念已经深入商业领域的各个方面，各个国际组织都为构建全世界范围内公平、公正的合法合规经营环境不断努力着。而反过来对企业而言，经营风险不可能完全杜绝，但却可以利用已尽合规义务的规则来保护自身，并且利用合规管理规则来加强企业建设。可以说，合规潮流不可逆，主动拥抱使用才是正确的做法。

点评：

从合规的起源到完善成形这近一个世纪的发展历程之中，我们可以看到企业的合规从最初经济法的各领域，如反垄断法、证券和金融监管以及跨国商业行为，到现在已经扩展到经济和社会规制的各个领域。它从不同的企业和部门兴起，从最开始的分流和不同目标，到 20 世纪 90 年代，最终汇总成干流，初步形成相对完整的体系，而目前已经成为各国家、地区乃至全球商业组织和法律部门的共享制度。每一次合规的演变都是各个历史大事件迭代的结果，各个国家和组织都努力地从失败事件中总结经验，逐步完善并形成达成共识的合规规范。

站在企业的立场上，合规更多和“风险管理”“内控体系”联系在一起。对于风险事件而言，每一个风险事件有危又有机，危与机是共存的孪生兄弟。每一个风险事件，不只是事故，同时也是改进的契机，是推动前进的最深刻动力。因此，每个企业经营者都应充分意识到以下几点：

第一，合规要求不是对企业的约束，它最终的目标是引导全球商业环境朝健康有序、公平公正的方向发展。

第二，只有融入全球商业规则中，成为其中合格的一分子，才能接入全球的供应链环境，获取更多的业务机会，同时也能规避更多的风险。可以说，企业成为“合规组织”是参与全球竞争的最基本条件。

第三，注重企业发展过程中或者同行业中的每一次大事件，这是完善企业运行机制，规避运营风险的最好时机。

“走出去”与“全球性协作”是不可逆转的趋势，因时势而勃发的中国合规管理成为我国各个企业在国际化进程中的实践热点。但是源于美国并扩展到世界范围内的这一制度，在国内推行的时候的确有许多值得检讨的地方。中国式的公司治理、法治水平和大陆法系的制度局限性，限制了合规作用的发挥。然而，相对于开拓者，我们是幸运的，可以站在前人的肩膀上去处理合规问题。我们还需要不断地完善合规管理和制度，这正是我们向前迈进最正确的方向。

三、合规管理的基本概念

合规是指企业及其员工的经营管理行为符合有关法律法规、国际条约、监管规定、行业准则、商业惯例、道德规范和企业依法制定的章程及规章制度等要求，是企业通过制定合规政策，按照内部规范的要求统一制定并持续修改合规规范，监督内部规范的执行，以增强内部合规控制；对违规行为进行持续识别、监测、预警，防范、控制、化解合规风险的一整套管理活动和机制。

合规管理包括组织内部的自我审查和来自外部组织的监管，其主要内容包括（但不限于）：合规管理制度建设、合规文化建设、合规信息系统建设、合规咨询、合规培训、合规审核、合规审计、合规检查、合规考核、合规评价、合规报告、法律法规追踪、投诉举报处理、监管配合和合规问责等。

四、合规管理的意义

（一）中国当前合规管理的现状

合规管理理念和实践于 20 世纪 70 年代末由三资企业引入中国。就合规监管而言，我国也经历了由金融机构逐步向其他行业扩散的过程。目前，我国政府对于企业合规管理体系的建设十分重视，要求各行业都应加强企业合规管理，完善企业合规建设。

2006 年 10 月，中国银监会颁布了《商业银行合规风险管理指引》，为商业银行合规风险的管理提出了指引。

2016 年 4 月，国务院国有资产监督管理委员会印发了《关于在部分中央企业开展合规管理体系建设试点工作的通知》，指出企业合规管理在中国移动、中国石油、东方电气集团、招商局集团、中国中铁等 5 家中央企业开始试点。

然而，和跨国企业相比，中国企业在合规问题的处理上相对落后，很多中小企业乃至部分大企业甚至都不知道合规管理的概念，而相对重视合规管理的企业，如华为、中兴通讯和中国铁建等，其合规管理体系的构建也还处于起步阶段。我国对企业经营合规方面的相关法律法规也正在逐步完善过程中。

2008 年以来，中国企业大规模“走出去”，因为对国际上通行规则与非通行规则的认识不足或者理解不到位而产生了大量不合规的商业行为，导致企业受到经营所在地政府或者国际组织的制裁。这不仅给企业造成经济与声誉损失，还给中国企业国际形象带来负面影响。

在 2018 年，中兴通讯被美国政府处罚 14.9 亿美元的同时，被列入美国禁售制裁名单，几乎濒临倒闭。同样是中国通信行业领头羊的华为也一直受到美国相关监管机构的调查。

近年来，随着中国企业国际化程度逐步加深，我国“一带一路”倡议持续推进，更多的中国企业，尤其是工程建设、工程服务类企业，参与到世界银行以及其他国际多边开发机构贷款项目的投标、建设及服务中。然而，自 2019 年新冠疫情暴发以来，贸易保护主义日渐盛行、民粹主义不断抬头，部分地区地缘政治紧张局势难见缓解，大国政治博弈进一步加剧。受台海问题、新疆问题、印巴问题、南海问题以及 2022 年愈演愈烈的俄乌局势影响，欧美部分国家或组织为打击我国经济社会的发展，对我国在海外上市、经营的企业或项目开展过度的审核与监管，这使中国企业面临的境外经营合规风险越来越大。

截至 2022 年 3 月 11 日，世界银行官网公布数据，尚在制裁名单上的中国企业和个人共计 196 个（不含港澳台），中国是受世界银行制裁企业数量最多的国家。这为“走出去”的中国企业在合规管理方面敲响了警钟。

（二）国家对企业境外经营合规管理的重视

国家对企业境外经营合规管理越来越重视。近年来，陆续出台了规范企业境外经营行为、提升企业合规管理水平的方针政策，详见表1-1。

表 1-1　中国政府近年来发布的合规要求

时间	机　构	事　项
2010 年 8 月	商务部、外交部、国家发展改革委、公安部、国务院国资委、安全监管总局、全国工商联	·印发《境外中资企业机构和人员安全管理规定》 进一步加强新形势下境外中资企业机构和人员安全保护工作，保障“走出去”战略的顺利实施。
2011 年 7 月	国务院国资委	·发布《中央企业境外国有资产监督管理暂行办法》 目的是规范境外企业经营行为，维护境外国有资产权益，防止国有资产流失。
2013 年 2 月	商务部、环境保护部	·印发《对外投资合作环境保护指南》 引导企业积极履行环境保护社会责任，推动对外投资合作可持续发展。
2013 年 3 月	商务部	·印发《规范对外投资合作领域竞争行为的规定》 促进对外投资合作业务健康和可持续发展，规范企业海外经营行为，鼓励和保护公平竞争，杜绝不正当竞争行为，提升对外投资合作企业管理水平和竞争能力。

续 表

时间	机 构	事 项
2014 年 1 月	商务部、财政部	·审议通过《对外劳务合作风险处置备用金管理办法（试行）》 目的是规范对外劳务合作企业的经营行为，保障外派劳务人员合法权益。
2014 年 8 月	商务部	·审议通过《境外投资管理办法》 促进和规范境外投资，提高境外投资便利化水平。
2017 年 5 月	中央全面深化改革领导小组	·审议通过《关于规范企业海外经营行为的若干意见》 提出要“加强企业海外经营行为合规制度建设”。
2017 年 12 月	国家发展改革委、商务部、人民银行、外交部、全国工商联	·发布《民营企业境外投资经营行为规范》 从完善经营管理体系、依法合规诚信经营、切实履行社会责任、注重资源环境保护和加强境外风险防控等五方面对民营企业境外投资经营活动进行引导和规范。
2017 年 12 月	国家发展改革委	·审议通过《企业境外投资管理办法》 加强境外投资宏观指导，优化境外投资综合服务，完善境外投资全程监管，促进境外投资持续健康发展。
2017 年 12 月	国家质量监督检验检疫总局和国家标准化管理委员会	·发布《合规管理体系 指南》（GB/T 35770—2017/ISO 19600：2014） 为企业全面系统地建设合规管理体系提供了具体的指南。

续 表

时间	机 构	事 项
2018 年 8 月	推进“一带一路”建设工作 5 周年座谈会	强调企业应规范投资经营行为，合法合规经营，注意保护环境，履行社会责任，成为共建“一带一路”的形象大使。
2018 年 11 月	国务院国资委	·印发《中央企业合规管理指引（试行）》 对中央企业的合规管理体系建设提出了要求和建议。
2018 年 12 月	国家发展改革委等七部委	·发布《企业境外经营管理指引》 对于推动企业持续提升合规管理水平提供了更加具体的行动指引。
2021 年 8 月	国家市场监督管理总局和国家标准化管理委员会	·发布《合规管理体系 要求及使用指南》征求意见稿 该稿基于 ISO 37301：2021 进行修订并代替 GB/T 35770—2017。

在 2018 年 11 月举行的民营企业座谈会上，习近平总书记指出，要在合法合规中提高企业竞争能力，形成更多具有全球竞争力的世界一流企业。在第二届“一带一路”国际合作高峰论坛上，习近平主席进一步明确，共建“一带一路”要引入各方普遍支持的规则标准，推动企业在项目建设、运营、采购、招投标等环节按照普遍接受的国际规则标准进行，同时要尊重各国法律法规。李克强总理也曾在批示中强调，强化合规经营意识是企业“走出去”的前提。他还要求国家发展改革委、商务部、国务院国资委、外交部四部委调查中国企业“走出去”遇到的问题，指导企业特别是国有大中型企业在经营中遵规守

法，切实防范风险。

2021 年 12 月，国务院国资委发布《关于进一步深化法治央企建设的意见》，提出认真落实全面依法治国战略部署，持续深化法治央企建设，着力构建世界一流企业的合规制度体系，不断提升依法治企能力，助推企业高质量发展。2021 年 12 月 3 日，国务院国资委再次召开中央企业“合规管理强化年”工作部署会，强调中央企业必须把强化合规放到贯彻习近平法治思想的高度来认识，放到落实全面依法治国战略的全局来部署，放到保障企业高质量发展的层面来推动，力争通过一年时间推动企业合规管理工作，建立健全企业合规管理体系，真正发挥规范管理、防控风险、支撑保障的重要作用。

同时，中国政府也更加积极地参与全球反腐败与合规管理的国际合作。2014 年亚太经合组织（APEC）北京会议通过了《北京反腐败宣言》（简称《宣言》），中国是《宣言》的发起者和参与者。此外，中国还参与发起并通过了《亚太经合组织预防贿赂和反贿赂法律执行准则》《亚太经合组织高效率公司合规项目基本要素》等重要文件。同时，中国也积极加入各类世界级别的公约，如《联合国反腐败公约》《国际商务交易中打击勒索和贿赂行为准则》等。作为中国的企业，必然要顺应全球合规治理加强的大趋势，履行公约所规定的义务，积极预防和应对商业贿赂，树立和维护国家形象。

（三）中国企业境外经营合规管理的重要意义

合规管理是企业稳健经营运行的内在要求，也是防范违规风险的基本前提，是每一个企业都必须重视且进行管理的一部分，也是保障自身利益的有力武器。

合规管理可以防止决策失误。领导者的权限较大，再小的决策失误都有可能引发公司的多米诺效应。合规化管理能够通过约束高层领导人员的相关行为，最大限度地减少因决策失误而带来的经营风险。

合规化管理是规范员工行为的有效手段，通过建构科学的企业合规文化以及合规体系，有利于让员工养成合规化的习惯，避免违规风险。同时在制度层面向广大员工普及合规管理的相关条例，有利于让员工自觉自律地避免违规化操作。

对于境外经营的中国企业来说，合规管理还有着更多更高层次的意义。

1. 树立和维护国家形象的需要

跨国企业虽然具有国际性，并且遵循基本的商业逻辑行事，但在以国家为主体的当代世界中，让人产生的第一印象还是其国家形象。如果中国企业在“走出去”的时候能够塑造一个遵规、亲和、友善、负责的中国形象，就会减少许多冲突和困境。因此，建立合规体系并使其有效运行，是使企业所有商业活动始终保持合法合规的基本保障，是中国企业在境外经营时，树立和维护国家整体形象、提升企业国际声誉的最基本条件。

2. 文化融入的需要

在国际市场上，我国企业在工程建设领域技术方面的差距并不大，但在管理和文化层面还有很大差距。因此，建设与国际经营接轨的先进企业文化，转变思想观念、改变思维方式，成为我们参与国际竞争的关键因素。

在合规经营、反对腐败成为主流价值观的大背景下，我们首先要创新的就是合规文化。要把文化理念转变为行为，需要通过建立系统的制度，将合规要求融入具体的工作流程及岗位中，持之以恒地严格执行。将表面的合规管理逐渐变成习惯，形成一种严谨的行为方式。通过合规制度的建立与执行、合规文化的培育，将管理文化由任意型、粗放型向信誉型、集约型转变。

中国文化比较强调变通、灵活，有时候这是优点，有时候就容易出问题。企业要想真正融入国际大家庭，实现做强做优，就必须对我们的行为方式和道德文化进行认真反思和总结，学会遵守国际游戏规则，才有可能自立于世界大企业之林。

3. **市场竞争的需要**

随着中国企业的发展壮大，一部分中国企业已处于发展变革的重要阶段。在这个阶段中，一是面临更多、更复杂的合规风险。二是在合规要求更严格的环境下参与市场竞争是未来的发展趋势，这就决定我们只有走合规经营之路，才能防范合规风险，才能在世界范围内和发达国家跨国公司竞争。而合规经营又能反过来提升企业的信誉，从而增强国际竞争能力。通过行为的合规来进一步保障执行结果正确，这也是提升企业经营质量的必选之路。

4. **防范政治风险的需要**

当前，世界正在经历大变局，人类社会进入大发展、大变革的新时代。世界多极化、经济全球化、社会信息化、文化多样化持续发展，全球治理体系和国际秩序变革持续推进，各国相互联系和依存大大加深，国际力量分布趋于重构，国际社会对于可持续发展的呼声更加强烈。与此同时，国际及地区安全形势日趋复杂，全球性威胁挑战日益上升。国际上少数势力继续顽固奉行单边主义，诉诸强权政治，干涉他国内政，损害他国正当权益，制造矛盾、分歧和对抗，阻碍人类社会发展进步。

在这样恶劣的国际形势背景下，作为后起之秀的中国企业，在国际市场上的一举一动都备受关注，一旦出现失误就会被无限放大、抹黑。如何保持合规经营，不被某些国家用经济规则的借口制约发展，对于应对极高的地缘政治风险具有积极意义。

（四）工程建设企业境外经营合规管理的重要性

自 2013 年我们提出共建“一带一路”倡议以来，越来越多国家响应，共建“一带一路”正在成为我国参与全球开放合作、改善全球经济治理体系、促进全球共同发展繁荣、推动构建人类命运共同体的中国方案。其中，作为共建“一带一路”的“排头兵”，对外工程承包企业与“一带一路”沿线国家一起，以基础设施互联互通建设为起点和重点，共同建设了许多重大项目，对切实改善相关国家的基础设施状况发挥了重要作用。互联互通的基础设施发展目标更为对外工程承包业务注入了活力和动力。

随着共建“一带一路”向高质量发展方向不断推进，对外承包工程业务面临发展方式创新、合规合法经营等重大挑战。近年来的政府工作报告均指出，高质量共建“一带一路”，坚持共商共建共享。其中特别强调要“遵循市场原则和国际通行规则”，这必然要求“走出去”的中国企业把境外合规经营放在首位，不搞内幕交易，不钻漏洞空子，树立起境外合规经营优秀典范的形象，让国际社会看到，惠及世界人民的“一带一路”是有规矩、守规矩的“一带一路”。同时，企业也能通过完善合规运营体系，形成合规文化，进一步提升在国际市场中的声誉和竞争力，朝着良性、健康的方向行稳致远。

五、融合 ESG 评价体系的合规管理

（一）ESG 评价体系

ESG 是英文 environmental（环境）、social（社会）和 governance

（治理）的缩写，其概念由联合国于 2004 年率先提出，是一种旨在引导社会关注企业环境、社会、治理能力而非只偏重财务绩效的价值理念和评价标准，是对企业在促进经济可持续发展、履行社会责任等方面所作出的贡献进行评估。ESG 标准下的“E”（环境）将重点放在企业环保政策、员工环保意识及企业对于温室气体排放、空气质量、能源管理、燃料管理、水及污水管理、生物多样性等多方面所作出的贡献，“S”（社会）则侧重于企业在人权、客户权益、社区关系、数据安全及客户隐私、劳工关系、职业健康与安全、多样化与共融等方面的成绩，“G”（治理）指企业在系统化风险管理、意外及安全管理、报告和审计政策、监管覆盖等多方面的举措。

政府监管机构和投资者可以通过对企业 ESG 绩效的观察，评价投资对象在促进环境保护、促进经济可持续发展和履行社会责任等方面的表现，进而在政策引导和投资决策方面采取相应的行动。ESG 评价体系已逐步发展成为衡量企业发展潜力和前景的新型标准和投资人遵循的投资准则，其理念在全球政府和市场主体中得到广泛实践和推广，并成为发达国家、新兴市场国家的主流投资理念和实践策略之一。

（二）ESG 在中国的发展

目前我国尚未全面要求上市公司强制性进行 ESG 相关信息的披露。近年来，在全球节能减排的环保大背景及我国可持续发展战略的带动下，我国政府亦提出在 2030 年前实现碳达峰、2060 年前实现碳中和（“双碳”）目标，ESG 体系中所倡导的节能环保、可持续的企业经营理念与国家所倡导的可持续发展战略及绿色发展理念高度契合。

基于上述背景，我国政府及证监会对于规模型企业、上市公司及特殊行业进行 ESG 相关信息披露、开展 ESG 评级的意愿越来越强烈。

例如，在2020年3月，由中共中央办公厅、国务院办公厅印发《关于构建现代环境治理体系的指导意见》，指出要建立完善上市公司和发债企业强制性环境治理信息披露制度。2021年5月，生态环境部发布《企业环境信息依法披露管理办法》，要求符合条件的重点排污单位、上市公司、清洁生产审核企业、发债企业强制披露环境信息。2021年7月，中国人民银行印发行业标准《金融机构环境信息披露指南》，有效促进更多金融机构编制环境信息披露报告。2022年3月，国务院国资委成立社会责任局，其主要责任之一为“抓好中央企业社会责任体系构建工作，指导推动企业积极践行ESG理念，主动适应、引领国际规则标准制定，更好推动可持续发展”。2022年4月，中国证监会发布《上市公司投资者关系管理工作指引》，明确了上市公司投资者关系管理工作的主要职责，在沟通内容中增加上市公司的ESG信息。2022年5月，国务院国资委发布《提高央企控股上市公司质量工作方案》，提出力争2023年实现央企ESG报告的全覆盖，并且要推动央企建立ESG的评级体系。2023年4月，生态环境部、自然资源部等11部门发布《碳达峰碳中和标准体系建设指南》，提出加快构建结构合理、层次分明、适应经济社会高质量发展的碳达峰碳中和标准体系。2024年4月，上海、深圳和北京证券交易所共同发布了《上市公司可持续发展报告指引》，要求上证180、科创50、深证100、创业板指数样本公司及境内外同时上市的近460家公司强制披露ESG报告，且需在2026年4月30日前与2025年报同期披露。

上述文件的发布及相关指导机构的成立，无不在向社会释放一种信号：国家持续关注ESG体系，ESG报告在企业年度报告中的占比将逐渐增大，未来ESG评价体系将对上市公司及拟上市公司产生更大的影响。

2023年9月，《中央企业上市公司ESG蓝皮书（2023）》对441家央企上市公司的ESG治理水平进行了综合性评价。蓝皮书显示，2023年逾60%的央企上市公司明确了ESG战略规划相关要求，近80%的央企上市公司明确了ESG主管部门或处室。截至2023年8月底，近87%的央企上市公司发布了独立的社会责任报告及ESG报告，54家中央企业实现控股上市公司报告发布“全覆盖”。

国际ESG的发展主要得益于国际组织及投资者的市场推动，而在我国ESG政策的发展过程中，监管部门起到了非常重要的引导作用。例如：

（1）国务院国资委对中央企业和国有企业披露社会责任报告或ESG报告提出了明确要求。

（2）生态环境部门对环境信息披露作出了具体要求，信息披露的主体和内容较以往都更加完善。

（3）中国人民银行主要对金融机构披露环境信息提出要求，并发布了相关指南。

（4）中国证监会和证券交易所主要对上市公司披露社会责任报告、ESG报告提出了相关要求，包括港股上市公司、A股纳入MSCI指数（明晟指数）的上市公司、科创板公司以及其他符合条件的沪市及深市上市公司。其中，港交所发布了具体的ESG披露指引。

然而，目前国内尚未建成较为完善的ESG信息披露体系，以此来衡量企业信息披露的可比性、可靠性和可信度。

我国不少企业表示，国际主流评级体系的ESG价值观存在一定程度的差异，在中国使用时难以结合中国国情，导致对中国企业的评价不够客观。部分企业参照了国际主流ESG披露标准，例如全球报告倡议组织（GRI）发布的标准。一些在ESG方面做了很多实事的中国企业，所获评价低于实际情况，投资机构难以依据评估结果对 ESG 风险和价值作出全面分析判断。

不过，我国 ESG 相关团体标准在近年快速涌现。如 2022 年 6 月 1 日起正式实施的国内首个企业 ESG 披露团体标准《企业 ESG 披露指南》(T/CERDS 2—2022)。

进一步引导和规范国内 ESG 信息披露标准，立足我国国情和发展阶段，加快构建中国特色 ESG 评价体系已成为业内共识。

点评：

国内外 ESG 评价体系

1. 国际 ESG 评价体系

据不完全统计，全球 ESG 评级机构有 600 多家，其中影响力较大的有彭博、明晟、汤森路透、富时罗素、路孚特、晨星等。不过，不同 ESG 评级机构在机构使命、机构特性、评级目标、评级框架、评级方法、打分机制、评级结果，乃至产品与服务方面存在巨大差异。

例如，英国富时指数涉及 12 个领域 300 个指标，汤森路透 ESG 评级涉及 10 个领域 178 个指标，道琼斯指数涉及环境和社会的六大领域，MSCI 指数涉及 10 个主题 35 个关键问题，晨星 ESG 则涉及 6 个领域共 18 个关键问题。当然，各评级机构也会逐步更新其评级标准。

2. 国内 ESG 评价体系

与国际相比，国内 ESG 评价体系起步较晚，但近几年发展却很迅速。目前，国内主流 ESG 评级体系有华证 ESG 评级、中证 ESG 评级、商道融绿 ESG 评级、嘉实 ESG 评级、社会价值投资联盟 ESG 评级、万得 ESG 评级等。

在评级对象方面，华证、中证、商道融绿与嘉实基金等机构的 ESG 评级体系均为 A 股公司，其他机构以中证 800、沪深 300 成分股为主。指标体系方面，多数评级的一级指标体系从 E、S、G 三个维度展开。

在数据搜集方面，多数机构通过公司公开披露与多方监控等多渠道获取。

（三）融合 ESG 的合规管理体系

ESG 合规已成为业界共识。ESG 作为衡量企业发展可持续性表现的重要维度之一，是建立企业合规管理体系不可或缺的重要组成部分。但相较于其他的合规事项，目前阶段的 ESG 合规还需要参考更多的国际合规标准和风险管理方法，同时也有必要了解其他国家的合规要求，以适应“企业出海”的需要。因此，在 ESG 领域，我国企业所要合的“规”体现出了国际化程度高、合规边界广的特征。总体上，ESG 的公司治理维度要求企业进行合规风险识别和管理，这就需要企业根据部门职责、岗位职责和不同类型的组织活动，识别合规风险源，并定义每个合规风险源对应的合规风险状态，以制定合规风险源清单和合规风险状态清单。《合规管理体系 要求及使用指南》（ISO 37301）与一些风险管理的标准和评估技术，如《风险管理标准》（ISO 31000）和《风险管理-风险评估技术》（IEC 31010），可作为 ESG 评价体系中系统性风险的识别提供方法论依据。

融入 ESG 的合规体系应建立在对 ESG 理念和实践、大合规因素的深刻理解之上，塑造真正良好的 ESG 评价体系，进而有效防范或降低系统性风险。

（四）企业在 ESG 体系下的合规管理

企业内部 ESG 合规体系的建立是势在必行的，需将 ESG 纳入公司运营的方方面面，在公司日常风险管控中增强环境保护、社会责任以及公司治理成效等方面的意识，在制定公司合规目标时，除传统的财务效益外，还应兼顾环境效益及社会效益。

具体而言，在环境因素上，企业可借助外部专业律师团队的力量为企业披露 ESG 体系下企业可能存在的风险，例如在某一具体项目立项前委托专业律师团队进行环境、环保尽职调查，对潜在的环境风险及社会影响进行评估与管理；在项目具体实施过程中时刻防范环境因素风险，防范其因项目实施造成环境污染而遭受行政处罚等。同时，结合目前的“双碳”趋势，企业也可根据自身发展需要及需求参与到绿色金融、碳排放交易之中。目前在碳排放交易方面，国家政策属于重大利好时期，碳排放交易可有效促进企业自身节能降耗，增强企业可持续发展能力，同时也与企业承担污染防治、环境保护等社会责任的理念以及国家“减碳降碳”的决心相契合。

从社会因素而言，企业在开展具体项目时，应注意因地制宜，最大限度地减少项目对当地生态、人文等造成的影响，同时也可开展项目为当地提供更多的就业岗位与经济支持。在项目开展的过程中深度参与当地社区建设，主动承担社会责任。同时企业也应注意此类社会公益福利项目的积累，可在企业内部形成一个 ESG 信息数据库，当企业需要进行 ESG 相关信息披露时，信息数据库将会迅速直观地为企业提供正面素材。

从治理因素上看，企业董事会成员及高管应当将 ESG 体系下的风险防控视为其日常职务的重要组成部分，将 ESG 风险应对纳入日常管理决策。在企业治理方面，企业可委托专业律师团队为其制定 ESG 相关政策指引，并形成一套健全的企业 ESG 管理体系，从而让企业员工都能够有效地参与到企业的 ESG 战略中。企业同时也应注意年度 ESG

报告、半年度或月度环境保护报告的撰写与披露，从ESG报告中向投资者及潜在的投资者传递企业可持续发展的理念、战略规划等。

未来近40年为我国的“双碳”时代，也是我国以中国式现代化全面推进中华民族伟大复兴、建成社会主义现代化强国的历史时期。实现高质量发展，促进人与自然和谐共生，是中国式现代化的本质要求。实现高质量发展的关键环节就是要推动绿色化、低碳化发展。新时代新征程，随着我国各级政府、监管部门相继出台碳达峰碳中和实施意见、方案，我国企业尤其是重点工业企业应牢固树立ESG理念，做好企业合规治理，走上绿色低碳的高质量发展道路。

六、合规管理与风险管理和企业内部控制的关系

（一）三者的含义

1. 合规管理

合规管理的定义如前文所述。

2. 内部控制

内部控制是指企业和各个组织在经济活动中建立的一种相互制约的业务组织形式和职责分工制度，是为了实现其经营目标，保障资产的安全、完整，保证会计信息资料的准确可靠，确保企业经营方针的贯彻执行，以及经营活动的经济性、效率性、效果性，而在企业内部采取的自我调整、约束、规划、评价和控制的一系列方法、程序与措施的总称。

1980年后，美国COSO委员会（全美反舞弊性财务报告委员会发起组织）将“内部控制”定义为“一个组织设计并实施的程序，以便为达到该组织的经营目标提供合理保障”。

在 COSO 委员会制定的内部控制框架中，把内部控制活动分成五大组成部分，即控制环境、风险评估、控制活动、信息与交流、监督评审。

2002 年，美国成立的上市公司会计监管委员会明确采用了《COSO 内部控制整合框架》作为内控评价的标准体系。许多国家和地区的资本市场也采用了《COSO 内部控制整合框架》，有些国家和地区在参照该框架的基础上建立了自己的内控体系。

我国在 2005 年先后出台了《上交所上市公司内部控制指引》和《深交所上市公司内部控制指引》两个文件。这两个文件参照了美国《萨班斯法案》的要求，在理论体系上和《COSO 内部控制整合框架》一脉相承。

3. **风险管理**

风险管理是指通过对风险的识别、评估，选择最有效的应对方式，在事前主动地、有目的地、有计划地处理风险，以最小成本争取获得最大安全保证的管理方法。

企业风险管理理论的发展大致分为三个阶段。

第一阶段是以“安全和保险”为特征的风险管理。100 多年前，航运企业风险管理的主要措施就是通过保险把风险转移给保险公司。

第二阶段是以“内部控制和控制纯粹风险”为特征的风险管理。随着工业革命的发展，公司对业务管理和流程方面的内部控制提出了要求。美国 1977 年的《反海外腐败法》要求公司管理层加强内部会计控制，1992 年的《COSO 内部控制整合框架》提出以财务管理为主线的内部控制系统。

第三阶段是以“风险管理战略与企业总体发展战略紧密结合”为特征的全面风险管理。风险管理实践表明，仅靠内部控制难以实现企业的最终目标。为此，COSO 委员会于 2004 年 9 月出台了《COSO 企业风险管理整合框架》，提出了由三个维度构成的风险管理整合框架。

我国国务院国资委于2006年发布《中央企业全面风险管理指引》，标志着我国中央企业建立全面风险管理体系工作的启动。

（二）三者的侧重点

合规管理是内部控制的一个重要方面，也是风险管理的一个关键环节。内控制度的完善离不开合规化的管理及操作。

这三者各有侧重点，详见表1-2。

表1-2　合规管理、内部控制与风险管理的侧重点

合规管理	内部控制	风险管理
1. 反商业贿赂、反欺诈、反舞弊； 2. 反垄断、反不正当竞争、反洗钱； 3. 贸易管制、海关估值、转移定价； 4. 数据安全、信息保护、隐私保护； 5. 高管刑事责任； 6. 税务合规； 7. 安全健康环保； 8. 知识产权保护。	1. 组织架构的设计与运行； 2. 发展战略的制定与实施； 3. 人力资源的引进与开发、使用与退出； 4. 安全生产、产品质量、环境保护与资源节约、促进就业与员工权益保护； 5. 企业文化的建设与评估； 6. 资金活动：筹资、投资和资金营运； 7. 采购业务：购买、付款； 8. 资产管理：存货、固定资产、无形资产； 9. 销售业务：销售、收款； 10. 研究与开发：立项与研究、开发与保护； 11. 工程项目：立项、招标、造价、工程建设、工程验收； 12. 担保业务：调查评估与审批、执行与监控；	1. 战略风险； 2. 财务风险； 3. 市场风险； 4. 运营风险； 5. 法律风险； 6. 环境风险； 7. 政策风险； 8. 技术风险。

续　表

合规管理	内部控制	风险管理
	13. 业务外包：承包方选择、外包实施； 14. 财务报告：编制、对外提供、分析利用； 15. 全面预算：编制、执行、考核； 16. 合同管理：合同订立、履行； 17. 内部信息传递：内部报告的形成、内部报告的使用； 18. 信息系统：开发、运行与维护。	

合规管理的核心是若企业不合规，“企业及相关利益主体将遭遇声誉损害、高额赔偿，乃至刑事处罚”。将企业和个人行为纳入合规管理体系中，保障主体不因不合规而遭受以上损失。这是合规管理的驱动力，也是合规管理的内在核心。完善的合规体系可成为减轻责任的抗辩理由，这是合规可创造的价值，也是锦上添花的事。

内部控制的核心是“通过内部控制五要素，对管理层及员工的行为进行约束，以尽可能实现企业的运营有效、报告可靠、合规这三大目标”。内部控制可以帮助企业实现业绩和盈利目标，同时又保证企业出具的财务报告可靠和企业行为符合法律法规。

风险管理的核心是“以可接受的成本保护和创造价值”。可接受的成本是指企业对风险的偏好程度，保护价值是指企业进行风险管理的基本目的，创造价值是指企业运用风险带来的机会，它是企业进行风险管理的高级目的。随着社会波动性、复杂性和模糊性日益增加，以及利益相关者的参与度越来越高，企业更加需要完善的风险管理机制来应对。将风险管理贯穿于整个企业会产生许多好处，包括增加新的机遇、识别和管理企业的风险、增加竞争优势、减少负面损失、降低绩效偏离度、改善资源部署、提升企业韧性等。近年来，基于风险导向的管理理念逐渐兴起，企业管理中常见的公司治理、企业文化、战略管理、绩效管理、危机管理等方面都可以使用风险管理框架，以促使其更好地标准化、科学化。

（三）三者的关系

合规管理、内部控制、风险管理都是企业治理与管理必不可少的一部分。在经济与社会不确定性不断增加的情形下，以及政策作为经济与社会治理的重要手段不断加强的时代中，在历经一些惨痛教训之后，三者都越发显得重要。

与战略管理、营销管理、人力资源管理等职能与职责相比，合规管理、内部控制与风险管理在企业中偏向于基本保障、风险预防。如果将企业比喻为一辆向前行驶的车辆，那么合规管理、内部控制与风险管理应该类似于刹车、前后护栏、ABS（防抱死制动系统）等组合在一起的功能。

合规管理、内部控制、风险管理侧重的视角不同。合规管理强调对规则（法律、规章制度、商业伦理、当地宗教和文化）的遵守，内部控制强调对行为（企业各层级、业务各环节）的限制，风险管理强调对未来不确定性事件的控制。

合规是内部控制要达到的目标之一，而内部控制则被涵盖在企业风险管理之内，是风险管理的一个基础和组成部分。因此，从三者的内涵来看，合规管理小于内部控制，内部控制小于风险管理。但从价值上来看，三者目前并不是可以相互取代的。

Chapter 2

第二章

马尔代夫概况

一、地理位置和人口分布

（一）地理位置

马尔代夫共和国，简称马尔代夫，是印度洋上的群岛国家。马尔代夫地处南亚，跨越赤道，距离印度南部约 600 千米，距离斯里兰卡西南部约 750 千米。马尔代夫南北长 820 千米，东西宽 130 千米，国土总面积 11.53 万平方千米（含领海面积），其中陆地面积 298 平方千米。

马尔代夫所在时区为东 5 区，首都马累当地时间比国际标准时间早 5 小时，比北京时间晚 3 小时。部分旅游岛时间比马累早 1 个小时。马尔代夫不实行夏时制。

（二）人口分布

据马尔代夫统计局 2022 年人口普查数据，2022 年马尔代夫总人口为 515132，是世界上人口最少的国家之一。其中马尔代夫籍公民为 382639，占总人口比重为 74.28%；外国长居人口为 132493，占总人口比重为 25.72%。

马尔代夫约 1/3 的人口居住在首都马累，而其余 2/3 的人口则居住在分布于各地的约 200 个岛屿上。

二、自然环境和自然资源

（一）自然环境

1. 气候条件

马尔代夫气候在很大程度上受印度洋影响，大部分地区属热带季风气候，南部为热带雨林气候，具有炎热潮湿的特点，无四季之分。

马尔代夫阳光充足，平均每天日照8小时，年平均气温28℃左右，每年3—4月气温最高达32℃。年平均降雨量1500~2000毫米，每当季风来临，一般都伴有大量降水。空气湿度很大，年均湿度在70%以上。季风相对柔和，没有飓风、龙卷风，偶有暴风。

2. **地形地貌**

马尔代夫的地形特征非常独特，它是由1192个珊瑚岛组成26个环礁，散布在约9万平方千米的海域中，形成了一串串璀璨的珍珠链。这些岛屿绝大多数都非常低洼，平均海拔仅2.5米，最高点也不到3米，这使得马尔代夫成为世界上海拔最低的国家之一。

点评：

由于地势极低，马尔代夫特别容易受到全球气候变化的影响，尤其是海平面上升、风暴潮和海水酸化等问题。海平面上升可能导致海水淹没低洼的岛屿，威胁到居民的生活环境和国家的生存空间；风暴潮可能带来更频繁和强烈的自然灾害，破坏岛上的基础设施和生态系统；海水酸化影响珊瑚礁的生长，破坏海洋生物多样性，进而影响当地的渔业和旅游业。

因此，海洋和环境保护对于马尔代夫来说至关重要。该国政府和社会各界都在努力采取措施，如提高公众意识、实施可持续旅游政策、加强珊瑚礁保护和恢复、建立海洋保护区、推广绿色能源等，以应对气候变化带来的挑战。

（二）自然资源

马尔代夫拥有丰富的海洋资源，有700多种鱼类，盛产鲣鱼、金枪鱼、海参，还有少量的石斑鱼、龙虾、鲨鱼、海龟和玳瑁等。

三、经济状况和发展规划

（一）经济状况

1. 总体经济

马尔代夫经济结构单一、资源贫乏、严重依赖进口，经济基础较为薄弱。2011 年以前，曾被列为世界最不发达国家。通过多年努力，马尔代夫经济发展取得一定成就，成为南亚地区人均国内生产总值（GDP）最高的国家，基础设施和互联互通水平也有较大提升。

近年来，马尔代夫以发展旅游业为重点，经济一直保持稳定增长，年 GDP 增速稳中有升，通货膨胀率维持在较低水平，各行各业发展总体平衡。2020 年突发的新冠疫情给以旅游业为支柱产业的马尔代夫经济带来沉重打击，2021 年马尔代夫经济展现出了惊人的复苏力，GDP 实现了高达 37.7%的增长，2022 年继续保持稳健步伐，GDP 增长率达到了 13.9%。这一系列亮眼数据充分证明了马尔代夫在经历全球疫情冲击后的迅速反弹能力。当前马尔代夫的经济增长正逐步回归平稳态势，其经济体系正从快速复苏阶段过渡至更加可持续的发展模式。

2. GDP

据马尔代夫货币管理局发布的 2023 年经济统计数据，2019—2023 年马尔代夫宏观经济数据见表 2-1。

表 2-1　2019—2023 年马尔代夫宏观经济数据

指标	2019 年	2020 年	2021 年	2022 年	2023 年
名义 GDP/亿美元	57. 12	37. 03	52. 38	61. 57	68. 99
实际 GDP 增长率/%	7. 3	−32. 9	37. 7	13. 9	8. 7
人均名义 GDP/美元	10697. 8	6643. 5	9216. 4	10628. 3	11686. 8

资料来源：马尔代夫货币管理局。

3. 财政收支

根据马尔代夫货币管理局发布的数据，2023 年该国财政收入达到 334 亿卢菲亚，较 2022 年的 285 亿卢菲亚，增长了 17. 2%。财政支出总额高达 470 亿卢菲亚，显著超出了计划。

由此，马尔代夫财政赤字从 2022 年的 114 亿卢菲亚扩大至 2023 年的 136 亿卢菲亚，财政赤字占 GDP 的比例攀升至 12. 7%。

4. 债务情况

世界银行数据显示，2023 年，马尔代夫的公共债务总额为 80 亿美元，这一数字惊人地占 GDP 的 122. 9%。这表明该国面临着重大的偿债压力。

5. 外汇储备

马尔代夫的外汇储备从 2024 年 4 月的 6. 15 亿美元降至 2024 年 5 月约 4. 92 亿美元。

6. 通货膨胀率

马尔代夫 2022 年的通货膨胀率保持在相对较低的 2. 3%，但到 2023 年上升至 2. 9%，这一增长趋势在 2023 年第一季度尤为明显，通货膨胀率一度飙升至 3. 9%，2023 年第二季度的通货膨胀率回落至 3. 1%，第三季度和第四季度的通货膨胀率分别降至 2. 5%和 2. 3%。

7. **失业率**

根据世界银行数据，2023 年马尔代夫失业率相对较低，约为 4.2%，而 2022 年为 4.4%。

8. **信用评级**

2024 年 6 月 26 日，国际三大信用评级机构之一惠誉国际信用评级有限公司将马尔代夫主权评级下调至 CCC，以反映其外汇储备持续萎缩带来的主权债务违约风险。2024 年 6 月 20 日，国际信用评级机构穆迪投资服务有限公司对马尔代夫主权信用评级维持 Caa1，展望为稳定。2024 年 6 月 26 日，国际评级机构标准普尔对马尔代夫主权信用评级调整为 CCC+，并对马尔代夫整体经济形势评估调整为“积极”。

（二）重点/特色产业发展情况

马尔代夫为小型开放经济体，旅游业、渔业是主要经济支柱。

1. **旅游业**

马尔代夫是世界上第七大珊瑚礁覆盖的国家，占世界珊瑚礁面积的 5%。辽阔的海域、美丽的海岛、丰富的海洋资源以及白沙、蓝天和阳光，构成了神奇迷人的自然景观。优越的地理条件和独特的岛国风光为马尔代夫的旅游业奠定了良好的基础。20 世纪 70 年代马尔代夫开始大力发展旅游业，随后该产业发展十分迅速，成为该国第一支柱产业。根据马尔代夫旅游部发布的数据，2023 年，马尔代夫接待游客约 188 万人次，游客平均过夜 7.6 晚。两项关键数据指标均已超过 2019 年。数据显示，马尔代夫 2023 年共接待中国游客约 18.7 万人次。

2. **渔业**

马尔代夫渔业资源丰富。盛产金枪鱼、鲣鱼、鲛鱼、龙虾、海参、石斑鱼、鲨鱼、海龟和玳瑁等。鱼类主要出口中国香港、日本、斯里兰卡、新加坡和中国台湾。

3. **农业**

马尔代夫土地贫瘠，农业十分落后。当地蔬菜和水果品种主要有空心菜、小白菜、黄瓜、西红柿、辣椒、茄子、丝瓜、冬瓜、南瓜、椰子、木瓜、西瓜、香蕉、木薯等，家禽养殖业数量极少，粮食及其他蔬菜、水果、肉类、蛋类、奶制品全部依赖进口。

4. **工业**

马尔代夫基础产业短缺，无现代化大型工业。工业仅有发电、供水以及小型船舶修造厂、水产品和水果加工、编织等手工艺制作、服装加工等小型制造业。主要出口商品为冷冻及罐装金枪鱼、鲣鱼制品。

（三）发展规划

1. **《马尔代夫经济多元化发展战略》**

2013 年 8 月，马尔代夫经济发展和贸易部发布了《马尔代夫经济多元化发展战略》，提出到 2025 年各领域的发展目标，包括人均 GDP 达到 1.2 万美元，GDP 总量达到 50 亿美元，年增长率不低于 7%，失业率降低至 10%，以及旅游、交通、卫生、教育、基础设施建设等各领域发展目标。

2. **第五个旅游业总体规划**

2023 年，马尔代夫公布了第五个旅游业总体规划，明确了未来 5 年旅游业发展方向，包括增强基础设施建设、加强游客数字化体验、创设新的旅游产品和服务、扩大国际宣传推介等，以进一步提高该国旅游业全球竞争力。

点评：

马尔代夫政府的各个部门通常会遵循一项严谨的传统，即定期制定覆盖各关键领域的五年发展计划，以此作为指导国家未来发展的蓝图。这一规划过程不仅涉及经济、教育、健康、基础设施等多个方面，而且旨在确保国家的发展战略与全球可持续发展目标相一致，特别是在面对气候变化等全球性挑战时，能够采取前瞻性的应对措施。

2023 年 11 月，随着新一届政府的组建完成，马尔代夫迎来了一个新的政治周期，标志着国家治理和政策导向的新篇章。然而，截至 2024 年 6 月，新政府的整体发展规划尚处于制定阶段，这表明政府正在审慎地评估国家当前的状况，以及面临的机遇与挑战，力求制定出既符合国情又具有前瞻性的长期战略。

四、国家象征和政治制度

（一）国家象征

1. **国旗**

马尔代夫国旗启用于 1965 年 7 月 25 日，由红、绿、白三种颜色组成，旗地为绿色长方形（象征着生命、进步和繁荣），四周为红边（象征着为国牺牲的民族英雄的鲜血），绿色长方形正中为一牙白色新月（表示和平、安宁和马尔代夫人民对伊斯兰教的信仰）（见图 2-1）。

图 2-1　马尔代夫国旗

2. **国徽**

马尔代夫国徽由五个元素组成，中间为一株海椰子树，两侧为国旗。中央为金色的新月抱星的图案，象征马尔代夫是伊斯兰国家。下面的绶带书有马尔代夫的传统国名（见图 2-2）。

图 2-2　马尔代夫国徽

3. **国歌**

《国家致敬》，也称《团结一致向我们的国家致敬》，为马尔代夫国歌，作词者为穆哈迈德·贾米尔·迪迪，于 1948 年写成，由斯里兰卡音乐大师潘迪特·万纳库瓦塔瓦杜格·唐·阿玛拉德瓦于 1972 年作曲。

（二）政治制度

1. 政体

马尔代夫为总统制国家。2008 年 8 月，新宪法正式生效，规定每 5 年举行一次多政党体制下的总统选举。总统为国家元首、政府首脑和武装部队统帅，有权任命内阁成员，但须经议会批准；所有议员通过选举产生，总统不再有任命议员的权力；建立独立的最高法院，总统不再是司法系统的最高长官。

2023 年 9 月，马尔代夫举行总统大选，进步大会联盟（由人民国家大会党和进步党组成）候选人穆罕默德·穆伊兹当选为马尔代夫第八任总统，2023 年 11 月宣誓就任，并组建新一届政府。

2. 宪法

马尔代夫宪法于 2008 年 8 月正式通过实施，是马尔代夫实行多党制后的第一部宪法。该宪法有 14 章 301 条正文和 3 个附录，正文包括国家性质、领土、公民权利与义务、环境保护、宗教信仰、教育、通信自由、选举办法及程序等内容。宪法确立了马尔代夫多党制选举制度以及立法、司法和行政三权分立制度，内容涵盖国家政治体制和管理制度的各个方面，以现代自由民主制度和伊斯兰精神为基础，以建立崭新的政治制度为目标，是马尔代夫现行根本大法。

3. 议会

人民议会为马尔代夫最高立法机构，实行一院制，有权制定、修订除宪法以外的一切法律法令。与外国签订的一切条约和协议必须经议会通过后才能生效。议会实行比例代表制，所有议员通过选举产生，各行政区议员人数由当地人口数决定，任期 5 年。

2024 年 4 月 21 日，马尔代夫举行第二十届议会选举。4 月 26 日，选举委员会公布议会选举正式结果，人民国家大会党（包括新入党的独立候选人）共获得73席，民主党获得12席，独立候选人获得4席，发展联盟获得2席，共和党获得1席，国家党获得1席。

议会还拥有最高人事权，不但有权决定有关官员人事任免，也有权罢免正副总统，但程序非常严格。罢免正副总统时，需1/3以上议员联名动议、2/3以上议员通过才能生效。议会对内阁成员进行不信任投票则相对简单，仅需10名以上议员联名动议，议会简单多数通过即可生效。由于执政的民主党在议会占多数席位，为本届政府的有效施政创造了良好条件。

（三）主要党派

2005年6月马尔代夫启动宪政改革后，人民议会通过实行多党民主制度的议案。马尔代夫内政部陆续接受多个政党的注册，包括人民国家大会党、民主党、进步党、共和党、马尔代夫发展联盟等。

五、政府机构和行政区划

（一）政府机构

本届政府成立于2023年11月。政府主要部门有国防部，外交部，国土安全和技术部，财政部，教育部，卫生部，经济发展和贸易部，旅游部，建设和公共基础设施部，住房、土地和城市发展部，城市、地方政府和公共工程部等。

经济发展和贸易部负责制定国家经济和投资政策；促进国家商业和工业发展；吸引外国投资；管理国家进出口业务；管理企业注册登记；促进中小企业发展；制定和规范国家计量标准；制定和实施知识

产权保护；协调解决双边、区域以及多边经贸合作事宜；制定政策、指导意见或法律，促进各领域经贸活动的开展。

旅游部制定和实施国家旅游发展政策；制定国家长期旅游发展规划；制定和管理旅游设施及行业服务标准；制定旅游发展和经营的环保要求；负责旅游数据的收集发布和课题研究；负责旅游人力资源的规划、实施以及培训标准的制定；负责对外出租旅游岛及国内旅游机构和设施的登记注册。

建设和公共基础设施部负责马尔代夫基础设施项目的管理和建设行业的监管，主要职责包括设定政府项目及计划的统一标准与程序；审核公开招标流程，向国家招标委员会提供承包商选择的专业意见；规划、监督和评估公共部门投资计划以及特殊政府基础设施项目；依据国家发展计划制定发展项目，并协同相关部门监督其实施、监测和评估；全面监管建设工程行业，包括政策制定、法规执行、质量保证和行业研究。

住房、土地和城市发展部负责制定和更新国家住房政策、土地管理框架和城市发展策略；开发综合土地使用计划，确保土地资源的合理利用；审批土地使用申请，确保提案符合国家规划、环境法规和社区需求；实施住房政策，确保所有居民都能获得负担得起、安全和健康的住所；监控房地产市场，防止房价不合理上涨，保障住房市场的稳定性和可负担性；收集和分析土地使用、住房需求和城市发展数据，为决策提供依据；制定和执行土地使用、住房建设和发展项目的相关法律和规章。

城市、地方政府和公共工程部负责实施权力下放政策，推进地方自治，增强地方政府的决策能力和资源管理；监管马尔代夫通信管理局和邮政部门，制定和执行国家通信技术政策，设定通信基础设施建设的政策和总体规划，注册和监测邮政服务提供商，确保服务质量达标，提供关于国际邮政监管标准的建议和咨询；制定政策，确保行政区域内公共工程服务的高效提供；与国家机构及地方理事会合作，确保地方发展项目符合国家发展战略；为地方政府当局和地方理事会提供指导和支持，帮助其有效履行职责。

（二）行政区划

马尔代夫行政区按环礁划分，小的环礁单独或几个组成一个行政区。全国分 21 个行政区，包括 18 个行政环礁及马累、阿杜和福阿穆拉三个市。

中马友谊大桥通车后，将马累与附近两个岛屿，即胡鲁马累岛和维林马累岛连接了起来。首都变成大马累地区，总面积约 8 平方千米，人口超过 20 万人。首都是全国政治、经济和文化中心，一些南亚国家在马累设有银行，部分国家还在马累设立了常驻外交机构。马累建有港口，在对面机场岛建有国际机场。

马尔代夫的主要经济城市为南部的阿杜市，现有人口 4 万余人，该市下辖 5 个区，皆为天然相连的自然岛屿，希塔杜是该市的核心商务区和政府所在地。阿杜市建有甘岛国际机场，两个度假酒店和赤道会议中心。

六、社会组织和公共交通

（一）工会

在《劳资关系法案》出台之前，马尔代夫没有工会组织，仅在卫生、妇女、儿童、教育等领域有少量非政府组织。

2024年1月颁布的《劳资关系法案》旨在平衡劳资双方权益，促进更公正、有序的工业关系环境。该法案确认了成立工会、参与罢工及自由表达意见为宪法赋予的权利，并设立全面指导方针以规范工会的成立和运作。

罢工的结构化机制为罢工等行动需经工会成员无记名投票多数同意，未遵循此民主流程的工会将面临5000~50000卢菲亚罚款。

罢工计划采取行动前48小时需通知雇主，以减少业务中断，促进双方准备和谈判。工会可邀请雇主方提名一名代表参加集体谈判。雇主方必须在15天内对集体谈判提案做出答复。双方达成的协议具备法律约束力，这大大增强谈判的权威性和执行力度。如果在发出邀请后30天内仍未开始集体谈判讨论，邀请方可将此事上报劳资关系总干事。随后将启动调解程序。监管与执行机构方面，政府成立工会登记处，由总统任命的登记官管理，负责新工会注册、法律合规监督及违规处理；设立劳资关系总干事职位，以及就业法庭下的三方咨询委员会和劳资纠纷解决司，完善监管框架和纠纷解决机制。

（二）公共交通

1. 公路

马尔代夫是群岛国家，陆地面积非常有限，大部分岛屿道路为珊瑚砂路面。马尔代夫机动车拥有量较少。公路主要集中于首都马累及周边地区、南部阿杜环礁。中国在南部拉穆环礁援建的岛屿连接公路，是马尔代夫全国最长的公路，约15千米。在南部阿杜市，也有一条连接相邻岛屿的公路。2018年8月30日，中国援建的中马友谊大桥正式开通，首都马累与机场岛和胡鲁马累地区实现公路联通，环马累生活和居住圈形成。

2. **水运**

马尔代夫作为岛屿国家，全国90%的进口产品通过水路运送；岛际交通主要依靠中小型船舶，船运发达。轮渡是马尔代夫的主要交通形式。在马尔代夫，乘坐渡轮上下班是最便宜的选择。票价为30~60卢菲亚。从机场到岛上的渡船大约需要40卢菲亚。公共岛屿渡轮的费用为30~45卢菲亚。大部分渡轮运行时间为早上6点到下午6点。多尼船是当地人的海上交通工具。全国最大的船运公司是马尔代夫船运有限公司，主要经营国际船运以及国内航运业务。全国有两个主要港口，分别为马累港和甘岛港，可办理海关清关手续。

3. **空运**

随着旅游业的快速发展，马尔代夫民航业近年来取得较大发展，全国共有4个国际机场和6个国内机场，当地有4家航空公司，即马尔代夫国家航空、马尔代夫岛内航空服务公司、维拉航空和泛马航空。全球已有超过50家航空公司开通了多国至马尔代夫首都马累的客运或货运服务。其中，中国国际航空、南方航空、东方航空、四川航空以及马尔代夫国家航空、香港国泰航空等航空公司开通了中国至马尔代夫的定期或包机航线。中国北京、上海、广州、昆明、重庆、成都、武汉、南京、西安、长沙、杭州、香港等地有直飞马累的定期或旅游包机航班。

4. **汽车和摩托车**

首都大马累地区交通工具主要为出租车、公共巴士和摩托车。以旅客出行较为频繁的马累岛、胡鲁马累岛及机场岛为例，马累岛内及胡鲁马累岛内搭乘出租车均为25卢菲亚/次，携带行李每件加收5卢菲亚；马累岛、机场岛和胡鲁马累岛岛间搭乘出租车为75卢菲亚/次，携带行李每件加收5卢菲亚。出租车一般需电话预约，也可在路上临时打车。

马累岛的公共巴士位于马累西南边的大马累巴士总站。胡鲁马累岛至马累岛的公共巴士在胡鲁马累南角的胡鲁马累巴士站，至机场岛的公共巴士站一个在胡鲁马累东沙滩广场机场巴士站，另一个在南角葫芦马累巴士站。车票通常为 20 卢菲亚/人次。

七、外交关系

1. 对外政策

马尔代夫奉行和平、独立和不结盟的外交政策，同所有尊重马尔代夫独立和主权的国家友好，重视发展与中国、印度、沙特阿拉伯、马来西亚、新加坡、斯里兰卡等国家的关系，大力争取国际组织和其他国家援助。积极参与不结盟运动和南亚区域合作联盟活动，2011 年成功举办第 17 届南盟峰会。2021 年 6 月，马尔代夫外长沙希德当选第 76 届联合国大会主席。截至 2024 年 4 月，马尔代夫同 185 个国家建立了外交关系。

马尔代夫是“小岛屿国家联盟”主要代表国，2015 年起担任联盟轮值主席国。强调气候变化事关小岛屿国家的生存权，高度关注全球气候变暖使海平面上升对马造成的威胁。签署《联合国气候变化框架公约》《气候变化和生物多样性公约》《京都议定书》《保护海洋生物议定书》《巴黎协定》等多边协议。2023 年 12 月，穆伊兹总统出席《联合国气候变化框架公约》第二十八次缔约方大会。

2. 同中国的关系

1972 年 10 月 14 日中马建交，中国驻斯大使兼任驻马尔代夫大使。2011 年 11 月 8 日，中国驻马尔代夫使馆正式开馆。马尔代夫政府奉行一个中国政策，不与台湾发展官方关系，在涉藏、涉疆、南海等问题上支持中国立场。

中马两国在1972—2002年建交初期通过一系列的政府外交活动，逐渐构建起了两国在各个领域的交流机制。近年来更是继续保持友好交往势头，双边关系在各个领域都有了快速的发展。2024年1月，马尔代夫总统穆伊兹对华进行国事访问，习近平主席同穆伊兹总统举行会谈，国务院总理李强、全国人大常委会委员长赵乐际分别会见穆伊兹总统，双方一致同意将中马关系提升为全面战略合作伙伴关系。

3. **同美国的关系**

1965年马尔代夫独立，次年美国与其建立外交关系。在过去的半个多世纪里，美国未在马累设立大使馆，而是由驻斯里兰卡大使代领。“9·11”事件之后，美国出于全球反恐战争的需要，逐步加强了与马尔代夫的反恐合作。美国前总统奥巴马提出“亚太再平衡”战略后，美马关系有所发展。2001—2013年，美马关系整体稳定，美国对马尔代夫的政策主要基于反恐需求，奥巴马政府在气候问题上的积极立场也符合马尔代夫的利益关切。2013年11月举行马尔代夫大选，亚明当选新任总统。美国对亚明政府的内政外交均有微词，特别是围绕新政府对前总统纳希德的判决、反恐政策和积极参与“一带一路”建设。2018年2月初，马尔代夫出现政治危机，美国通过促成马尔代夫内部的政权更迭，并以此为突破口在政治、经济、军事、人文等领域进行全面渗透，使得两国关系在短期内出现了大幅跃升。

4. **同英国的关系**

由于历史渊源，自1965年脱离英国保护独立以来，马尔代夫和英国一直保持着密切、友好和互利的关系。每年有近10万名英国游客前往马尔代夫，为马尔代夫提供稳定的财政收入。马尔代夫和英国之间高层访问频繁，促进和加强两国之间的双边关系。马尔代夫曾于 2016 年退出英联邦，后于 2020 年 2 月重新成为英联邦一员。

5. 同印度的关系

马尔代夫为印度洋岛国，位于印度的南方。自 1966 年马尔代夫脱离英国统治后两国建交，此后马尔代夫和印度建立了密切的军事、经济和文化关系。两国均签署了南亚自由贸易协定，也保持高层接触及磋商地区问题。在联合国、不结盟运动和南盟等多边场合中，马方支持印方立场。两国高层互访频繁。

2020—2022 年，印度连续 3 年成为马尔代夫第一游客来源国。马印近年还签署了一系列双边协议，涉及印度向马尔代夫提供 5 亿美元的海上联通援助和融资、印度进出口银行给马尔代夫 8 亿美元信贷额度以及海上货物运输等内容。

但马尔代夫现任总统穆伊兹及其所在的进步大会联盟相比于前任政府重申的“印度优先”，更强调“马尔代夫优先”，强调国家和主权独立，多次公开要求印度军事人员撤离马尔代夫。2024 年 5 月，印度在马尔代夫驻军全部撤离并由文职人员替换。5 月 8—10 日，马尔代夫外长扎米尔访问印度，重启马印交流合作，印度表示将继续奉行“邻国优先”政策，向马尔代夫提供发展援助和财政支持。

6. 同阿拉伯国家的关系

马尔代夫从阿拉伯国家进口成品油等日常重要物资，同时从阿拉伯国家获得经济援助。马尔代夫作为全民伊斯兰国家，宗教也促使马尔代夫与阿拉伯国家关系紧密。

八、民族和宗教

（一）民族

马尔代夫民族比较单一，全部为马尔代夫族。现在的马尔代夫人是历史上从印度、阿拉伯国家以及非洲和其他地区迁移来的各种人种的混血后裔。

目前，在马尔代夫境内的中国人，主要包括中国援建、投资和承包工程项目的中资企业工人、酒店服务人员，以及少数经营渔业、诊所、饭店以及旅游业的经营者和服务人员。在马尔代夫的华侨华人很少。

（二）宗教

马尔代夫是全民伊斯兰国家，伊斯兰教是国教，属逊尼派。伊斯兰教对马尔代夫社会生活产生了全方位的影响，马尔代夫全国拥有近千座清真寺，其中著名的包括伊斯兰中心和星期五清真寺。在马尔代夫，每个伊斯兰教徒有 5 项基本义务，即背诵入教誓词、执行 5 项日常祈祷仪式、实行施舍、谨守斋月期间斋戒和去麦加朝圣。

九、语言和习俗

（一）语言

迪维希语是马尔代夫的官方语言，是僧伽罗语、泰米尔语、波斯语和阿拉伯语等多种语言的变异语种，属于印欧语系。迪维希文字是一种奇特的拼音文字，采用类似阿拉伯语的发音符号，形状有点像饼干、大象或骨头，书写采用自右至左的方式，阅读也是如此，与英语等方式相反。文字由 24 个标准辅音和 11 个元音组成。政府文件和法律均用迪维希语写成，少数有英文版本。现在当地学校普遍使用了英语和当地语双语教学，官方和上层社会通用英语。

（二）习俗

马尔代夫人不吃猪肉，不饮酒，鱼是马尔代夫人吃得最多的食物，主食除大米、一定数量的红薯、芋头等淀粉食物外，居民多以木薯和椰子为主食。居民较少吃蔬菜，喜欢吃辛辣食物。水果主要有香蕉、西瓜、木瓜、芒果等。

作为伊斯兰国家，马尔代夫国民每天祈祷 5 次，开始时间大致为 4：30、12：15、15：30、18：30、19：40，其间商店停业 15 分钟。周五、周六为休息日，周五中午 12：15 的祈祷最为重要，一般 14：00 后商店才开始营业（部分商店全天休息）。

马尔代夫严禁走私毒品，严禁携带包括猪肉、酒等各类违禁品入境，严禁私自在岛上钓鱼、采摘或践踏珊瑚，严禁携带鱼翅、珊瑚、贝壳等出境。

（三）节假日

1. **主要宗教节日**

开斋节为 3 天节日，伊斯兰历每年的 10 月 1 日，马尔代夫人前往清真寺参加会礼，听伊玛目宣讲教义。会礼之后，人们走亲访友，互送自己做的节日食品。

斋戒日是指伊斯兰历的第 9 个月第 1 天开始的 30 日内，人们从黎明到天黑禁止用餐饮水，天黑以后才能进食，斋月期间，饭店一般白天都关门停业。

圣纪节为伊斯兰历每年3月12日。伊斯兰教节日之一。圣纪活动兼有纪念穆罕默德诞生与逝世的双重意义。

宰牲节为伊斯兰历12月10日，开斋节后70天左右。

穆斯林新年。

2. 固定假日

1月1日为新年。

1月24日为国庆节。

7月26日为独立日，庆祝结束英国统治，总统主持盛大国庆招待会和隆重的阅兵、游行庆祝活动。

11月3日为战胜日，纪念战胜斯里兰卡泰米尔恐怖主义分子在马尔代夫发动的暴乱。

11月11日为共和国日，庆祝第二共和国（1968年）建立。

12月10日为渔民节，围绕渔民的生活举行一系列活动。

另外，根据伊斯兰教历，每周的周五、周六也是公共假日。

十、货币与物价

（一）货币兑换

马尔代夫法定货币是卢菲亚，可以与美元和其他主要货币自由兑换。

自2001年7月以来，马尔代夫一直实行固定汇率制。2011年4月10日，马尔代夫政府实行新汇率政策，美元兑换卢菲亚实际汇率可以在固定汇率基础上波动20%。

截至2024年6月18日，官方汇率为1美元平均兑换15.38卢菲亚。卢菲亚与美元可以自由兑换，美元在马尔代夫当地可以直接使用，但有时市面上会出现美元不足的情况。最近 3 年美元兑卢菲亚汇率变化幅度不大，基本保持在 1 美元兑换 15.31 至 15.41 卢菲亚之间。

人民币与当地货币不可以直接结算。

（二）消费水平

马尔代夫实际消费水平依据选定海岛详细情况而定。但总体而言，因为物资供应的欠缺以及运输成本较高，海岛物价水平比较昂贵，2024 年 7 月马尔代夫部分物价见表 2-2。

表 2-2　2024 年 7 月马尔代夫主要消费品价格

单位：卢菲亚

产品	单价	产品	单价
牛奶	26.50/升	苹果	55.00/公斤
白面包	20.12/斤	鸡柳	71.67/公斤
大米	14.90/公斤	西红柿	52.22/公斤
本地奶酪	148.00/公斤	土豆	18.44/公斤
牛肉	133.29/公斤	洋葱	16.62/公斤
鸡蛋	24.00/12 个	生菜	50.00/棵

资料来源：Numbeo 网站。

十一、金融服务

（一）外汇管理

马尔代夫无外汇管制，任何数额的资金都可以无限制、无税赋地带入和带出（遣返出）马尔代夫。但因马尔代夫外汇短缺，除经马尔代夫政府授权的公司可在银行以卢菲亚兑换美元外，其他公司在金融系统兑换美元比较困难。

马尔代夫《外国投资法》规定，将在马尔代夫投资所获收益汇出境外应当依照外国投资协议的条款，即“返还给外国投资股东的股息分红，支付投资者的海外派遣劳工薪水的汇出汇款，以及其他属于投资者的资金都不受任何外汇管理的限制”。企业在马尔代夫银行进行外汇操作时需注意：

（1）每个银行规定不同，一般都需要提供公司章程、董事会决议、授权书等文件，而且需要公证。

（2）外汇汇入汇出没有管制。外汇汇出时如果是同一家公司的分公司、子公司之间转账，只需提供一份转账说明；如果是汇往其他公司，需要提供发票。

（3）利润汇出除了正常的企业所得税以外，不需要缴纳其他税费。利润税为15%。

马尔代夫货币管理局设立了外汇定时跟踪报告系统，以使政府充分掌握其国内的外汇兑换、收入和汇款情况。

外国人携带当地货币和外币均不受限制。

（二）银行与保险

1. 金融监管机构

马尔代夫金融领域对外资开放，政府鼓励外国金融机构到马尔代夫设立分支机构。在马尔代夫运营的银行应取得马尔代夫货币管理局的许可。所有经许可在马尔代夫运营的银行同样受马尔代夫银行及金融业法律和其他适用法律的约束，至于税收、费用、执行程度和资本储备等方面，所使用的法律不因银行的原始国籍而有所区分。

2. **银行**

（1）中央银行

马尔代夫货币管理局于1981年设立，是马尔代夫的中央银行，负责监管银行、保险公司、金融租赁公司和汇款及换汇公司。主要职能包括制定和实施货币政策；监督管理金融业和规范金融秩序、防范金融风险；向政府提出有关经济、财政系统方面的建议等。

（2）本土银行

马尔代夫银行成立于1982年，是马尔代夫的国家银行，也是马尔代夫唯一的本土商业银行及最大的银行，其服务终端覆盖马尔代夫所有居民岛，基本银行设施覆盖马尔代夫所有岛屿。同时，该银行也是首个将移动银行引进马尔代夫的银行。

（3）外资银行

马尔代夫允许外资银行在当地设立分公司、全资子公司或与当地银行成立合资银行。马尔代夫的外资银行有印度国家银行、斯里兰卡锡兰银行、香港上海汇丰银行、哈比卜银行、毛里求斯商业银行马尔代夫有限公司、马尔代夫商业银行和马尔代夫伊斯兰银行。其中，前4家为外国银行在马尔代夫的分行，毛里求斯商业银行马尔代夫有限公司为毛里求斯商业银行的子公司，马尔代夫商业银行由斯里兰卡锡兰银行和马尔代夫投资公司Tree Top Investments Pvt. Ltd. 合资设立，马尔代夫伊斯兰银行由伊斯兰私营企业发展公司和马尔代夫政府所有。

3. **保险**

在马尔代夫，主要的保险公司有Solarelle Insurance Company、Amna Takaful（Maldives）PLC、Allied Insurance Company、Ayady Takaful、Ceylinco Insurance Company、Dhivehi Insurance Company等。部分银行如马尔代夫银行、马尔代夫伊斯兰银行也提供保险服务。

（三）信用卡

在马尔代夫维萨和万事达信用卡使用比较普遍，在大多数旅游度假村及旅游商店，银联卡也可使用。在机场附近就餐，部分商铺也可使用支付宝和微信等付款功能。

点评：

2024 年 5 月 27 日，马尔代夫旅游局和微信支付在上海共同签署了为期三年的合作备忘录，双方将共同在马尔代夫全国推动更多商户接入微信支付。除了目前已接入的机场免税店、网红餐厅 Sala Thai、瓦宾法鲁悦榕庄、维拉私人海岛、LV 白马兰德利岛等热门景点门店，2024 年还将陆续接入 8000+商户。

（四）证券市场

根据马尔代夫 2006 年颁布的《证券法》，马尔代夫成立了资本市场发展管理局，负责监管和发展马尔代夫资本市场。其法定职能包括：资本市场的监督和管理；促进和监督马尔代夫股票交易；促进和监督马尔代夫证券托管；颁发许可和监督市场中介机构；确保对市场机构和经营许可人的正确引导；制定政府对资本市场发展和管理的政策及意见；寻求有助于资本市场的发展和增长的策略。

马尔代夫证券交易所在资本市场发展管理局的支持下成立。2008 年 1 月 23 日，资本市场发展管理局向其颁发私人交易所许可证。

马尔代夫证券储备局成立于 2004 年 4 月 14 日，并在资本市场管理局的管理下运营。但该局于 2008 年 1 月 23 日获得许可，成为一个私营机构。

马尔代夫尚无面向公众的债券市场。马尔代夫中央银行代表政府向商业银行和国有企业发行国债，马尔代夫住房发展金融公司也曾向上述机构投资者发行企业债。

（五）融资

1. 债务融资

（1）银行贷款。马尔代夫债务融资的主要手段是银行贷款。由于借款成本高、抵押品和安全要求高，企业金融知识水平较低，马尔代夫企业的银行贷款比例不高。根据马尔代夫货币管理局的数据，截至2024年4月，马尔代夫银行贷款年利率为10%。

（2）中小企业发展金融公司。2019年2月，马尔代夫政府设立了为中小企业提供融资支持的中小企业发展金融公司，以促进经济发展。中小企业发展金融公司提供融资的行业主要包括本地旅游业、农业、制造业、信息及通信技术、渔业。

点评：

在马尔代夫当地融资，需要提供马尔代夫项目合同、保函金额等信息，并且需要在开户行有一定的授信额度。如果尚未在本地开户或授信额度不够，可安排在当地转开。

2. 股权融资

股权融资是企业融资的另一种选择，即引入投资者或合作伙伴，用公司的股份换取资金，但股权融资在马尔代夫企业之间并不多见。

点评：

除了在马尔代夫融资外，“走出去”企业还可以通过如下途径开展融资。

1. 在中国境内融资

中国企业在境内融资方式分为债务融资和权益融资两大类。其中，债务融资分为信贷融资和债券融资；权益融资（股权融资）分为普通股融资、优先股融资及股权互换融资。此外，跨境并购项目中，境内直贷和内保外贷也是企业境内融资的主要方式。

2. 在国际市场融资

企业在国际市场融资，可多关注权威国际金融机构提供的融资支持，同时用好在国际资本市场发行债券、上市等融资方式。

亚洲基础设施投资银行、欧洲复兴开发银行、国际金融公司等国际多边金融机构，在其业务涵盖的地区和领域往往具有明显优势和先进经验。对于符合其融资条件的项目和企业，这些机构以贷款、股权投资等方式提供融资支持，具有融资期限较长、利率相对较低、性价比较高的特点。

境外发债逐渐成为中资企业重要融资方式之一，其优点在于境外债券在产品结构上有足够的空间利用利率、汇率等方法降低融资成本。中国企业发行较多的是中资美元债。

境外上市具有门槛低、筹备上市时间短、条件明确、易于操作等特点。企业可以根据自身情况，选择在境外上市，充分利用境外资本市场，筹集企业发展所需资金，不断提高企业的国际竞争力。就上市地点而言，企业还需根据自身发展战略和市场定位以及不同证券交易所的上市要求和比较优势进行准确评估，选择适合的上市地点。

3. “一带一路”多双边合作基金

为推进“一带一路”建设、企业“走出去”和国际产能合作，中国发起设立了多支多双边合作基金，如丝路基金、中国—东盟投资合作基金、中国—中东欧投资合作基金、中国—欧亚经济合作基金、中非发展基金、中非产能合作基金、中拉合作基金等。

多双边合作基金主要以股权类投资为主，可在不增加企业债务负担的情况下，为项目建设提供长期、可靠的资金支持，契合大型项目建设周期长、资金需求量大的特点，是对信贷融资、债券融资等融资方式的有益补充。中国企业可根据项目特点及所在地区，多与对应的多双边合作基金进行对接，获得融资支持。

十二、通信与电力

（一）邮政

马尔代夫国家邮局是该国邮政系统的中枢，在全国范围内，马尔代夫邮政运营着 14 个战略性分布的环礁邮局，以及多达 172 个代理机构，实现了全国邮政网络的全面覆盖。

（二）通信

马尔代夫电信市场主要由两大运营商主导，即迪拉古和奥雷杜。这两家公司不仅提供移动通信服务，包括语音通话和数据服务，而且还涉足宽带互联网接入，为个人和企业用户提供多样化的电信解决方案。除了迪拉古和奥雷杜之外，拉杰在线也是市场上的一个重要参与者。这三家互联网服务供应商通过多种技术手段，如 ADSL、光纤、卫星和无线网络，为全国范围内的用户提供互联网接入服务。

为了进一步提升国家的电信能力，马尔代夫政府与私人部门合作，投资建设了先进的通信基础设施，如 DSCoM 系统，提高了全国各岛礁群之间的网络连接性和通信服务，加强了国家的数字化转型。

（三）媒体

在马尔代夫，数字化浪潮促使主流媒体纷纷调整战略，转向网络化和电子化，一些媒体品牌如 Sun Online、Avas、Vnews、Mihaaru、Raajje News 和 Maldives Independent 等，已经成为数字新闻领域的领头羊。这些在线媒体平台使用迪维希语为主，辅以英语，提供包括政治、经济、社会、文化和体育等全方位的新闻报道。

“马尔代夫之声”，作为该国最早的广播电台，自 1962 年成立以来，一直扮演着国家信息传播的重要角色。它使用迪维希语和英语进行广播。

马尔代夫电视台的建立则标志着马尔代夫电视业的起步，自 1978 年 3 月正式开播以来，它已成为国家文化传播和信息交流的重要平台。同年，马尔代夫修建了卫星通信站，能够接收和转播世界各地的电视节目。

（四）电力

马尔代夫高度依赖石油进口，电力供应紧张。马尔代夫的电力消费主要依赖化石燃料。截至 2021 年，该国有人居住的岛屿拥有 186 座柴油发电站，总装机容量为 290 兆瓦，可再生能源装机容量超过 22 兆瓦。马尔代夫大型国有电力公司有 3 家：STELCO、FENAKA 和 MWSC。近年来，马尔代夫在世界银行、亚洲开发银行等组织资助下，积极发展太阳能等清洁能源。

点评：

长期以来，马尔代夫的电力供应状况一直是制约其社会经济发展的一个关键因素。作为一个由一系列低洼珊瑚岛构成的国家，马尔代夫面临着独特的地理挑战，这些挑战直接影响其能源基础设施的构建与维护。电力供应的不足不仅体现在供应量上，更表现在其不稳定性和高成本上，这直接限制了国家的基础设施建设和现代化进程，依赖柴油发电机作为主要的电力来源，马尔代夫承担着高昂的能源成本。由于需要进口燃料，这种依赖性使得电力价格居高不下，影响了民众的生活质量和企业的运营成本，进而抑制了经济的活力。此外，电力供应的不稳定导致日常生活的不便，从家用电器的正常使用到商业活动的开展，都受到不同程度的影响。

更为严峻的是，柴油发电产生的大量温室气体排放，对环境造成显著的负面影响。马尔代夫作为全球气候变暖的前沿阵地之一，正面临着海平面上升的威胁，而依赖化石燃料无疑加剧了这一危机。这种对环境的破坏不仅损害了自然生态，也威胁到了马尔代夫赖以生存的旅游业，该行业对清澈的水域和健康的珊瑚礁生态系统有着高度的依赖。鉴于上述情况，转向可再生能源成为马尔代夫的迫切需求。太阳能和风能等清洁能源的发展，不仅能够减少对化石燃料的依赖，降低碳排放，还能促进能源的稳定供应，提高能源效率，最终推动经济的可持续增长。然而，实现这一转变需要克服技术、资金和政策制定等方面的挑战，同时还需要国际合作的支持，以确保马尔代夫能够在保护其脆弱环境的同时，提升国民的生活水平和经济竞争力。

十三、医疗与安全

（一）医疗

1. 医疗概况

马尔代夫卫生系统分为中央级、地区级、环礁级和岛屿级四级，以公立医疗服务为主，私人诊所为辅。马尔代夫的医院和医疗设施有限，医疗水平较为落后，资源仍十分匮乏。

首都马累有两家大医院，一家是公立的 IGMH 医院，另一家是私立的 ADK 医院。IGMH 医院是马尔代夫规模最大的医院，设备比较齐全，收费较为便宜。但是由于受当地免费医疗政策的影响，该医院往往需预约接受诊疗且等待很长时间。ADK 医院就诊环境比较好些，具备常用的检查诊疗设备，但是诊疗费用较高。另外马累有 40 多家诊所，其中 1 家为中国中医诊所，为中国医生独资经营的 Chinese Health Care。

2. 医疗保险

马尔代夫公民享有医疗保险，在大部分医院诊所可享受保险范围涵盖的免费医疗服务。持有马尔代夫有效工作签证的外国人，门诊就诊费比当地人稍高，住院费用因每年办理工作签证缴纳的医疗保险不同，会有至少 10 万卢菲亚的保险额度，但按照病种报销的额度会有所不同。如果没有医疗保险，医院对来马尔代夫旅游的外国人所收诊疗费用通常会高出本国人的 1~2 倍。

3. 就医与买药

如果发生严重疾病，医院通常会进行紧急处理后送至首都马累的医院。马尔代夫的药品价格管控不够，药品通常比较昂贵。另外，由于马尔代夫地处偏远，进口药品的成本很高。因此建议临时来马尔代夫访问、探亲和旅游人员备好常用药品。

（二）安全

1. 治安

马尔代夫社会秩序相对良好，恶性刑事犯罪不多，不存在反政府武装组织，当地居民不允许持有枪支，外国人在马尔代夫总体比较安全。

马尔代夫基本上是一岛一酒店，受马累政治活动的影响较小。首都马累及其他居民岛偶有街头政治集会或游行。近年来由于毒品犯罪率明显上升，偶见摩托车抢包、深夜抢钱事件。

2. **自然灾害**

马尔代夫位于印度洋上，有时会受到暴风和海啸的影响。在马尔代夫的中国公民应该关注当地天气预报和海洋状况，并遵守当地官方的指示。全球气候变化导致的海平面上升，冲击和威胁着平均海拔仅1.5米的马尔代夫的安全。

3. **卫生安全**

马尔代夫食品安全状况良好。马尔代夫的居民用水都是经海水淡化，不宜直接饮用，建议购买瓶装水。避免食用生鱼片和生贝类食品。在酒店和餐馆用餐时，应选择熟食和新鲜食材。

Chapter 3

第三章

前往马尔代夫手续办理及相关须知

一、签证

2023 年 2 月,《中华人民共和国政府和马尔代夫共和国政府关于互免签证的协定》正式生效。中国公民持有效的中国护照因旅游、商务、探亲、过境等短期事由拟在马尔代夫停留不超过 30 天,免办签证。拟入境马尔代夫从事工作、定居、新闻报道等需该国主管部门事先批准的活动,应在入境前办妥有关手续。

(一)签证类型

马尔代夫签证分为旅游签证、工作签证、商务签证、依亲签证、结婚签证和特殊签证。企业常用的前三类签证及其申请材料见表3-1。

表 3-1　马尔代夫主要签证类型

签证类型	适用情形	申请材料
旅游签证	马尔代夫对游客实行落地签证,该签证严禁在马尔代夫工作或从事任何形式的商业活动,如被发现,将被驱逐出境。旅游签证一般不超过 30 天,准予的停留期限显示在护照的签注页	· 护照原件(有效期不少于 6 个月); · 在马尔代夫停留期间充足的资金证明; · 确认的酒店订单; · 有效的离境机票单; · 黄热病疫苗接种证书(如适用)

续　表

签证类型	适用情形	申请材料
工作签证	颁发给持有工作许可的外国人。赴马尔代夫工作的外国人要在抵马前办妥所有手续，否则将被遣返	工作签证由用人单位提交申请材料，材料包括： · 雇员护照原件（有效期不少于1年）； · 工作签证制卡费50卢菲亚； · 工作许可复印件； · 护照尺寸大小的近期照片； · 政府指定医院出具的雇员体检报告； · IM30申请表（由Xpat系统生成）； · 黄热病疫苗接种证书（如适用）
商务签证	颁发给因公务或者个人原因赴马尔代夫从事投资、贸易等方面事务的人士	· 护照原件（有效期不少于6个月）； · 申请人现工作单位的营业执照复印件； · 资格证书或履历证明； · 护照尺寸大小的近期照片； · 保证人出具的说明申请人在马尔代夫期间详细情况的文件； · IM30申请人信息表（如适用）

资料来源：马尔代夫移民局。

点评：

所有国籍的人抵达马尔代夫后均可获得旅游签证。因此，前往马尔代夫旅游的外国人无须预先获得签证批准。

（二）签证延期

如需延长落地签证所允许的停留期，需持所住酒店确认件和回程机票，在签证到期前到马尔代夫移民局办理，一般最多再延长60天，共可停留90天（包括免费的30天落地签证）。如签证已过期，将被处15000~50000卢菲亚的罚款，同时还有可能被驱逐出境并限制再次入境。

点评：

在马工作人员及其家属，马籍人员的非马籍配偶等，可向移民局申请相关居留证。

二、出入境相关规定

马尔代夫海关宣布，自 2021 年 1 月 17 日起，入境马尔代夫携带现金金额超过 1 万美元或等值卢菲亚（或外币）的需向机场海关进行申报。马尔代夫海关要求所有应予征税的物品均须向海关申报。

马尔代夫是伊斯兰国家，禁止携带毒品、酒类、猪肉制品以及其他有违伊斯兰教义的物品入境。此外，动植物、尖锐武器和易燃易爆物也不得携带入境，香烟最多可携带 400 支（两条）。

除非满足放行条件，或向相关机构申请获得入境批准，否则下列所有入出境物品均会被扣留：活体植物和动物——需提供有效的动植物检疫和卫生检疫证书；药品——需提供医生处方；预录的录像带、电影胶片、DVD、VCD、镭射影碟等；电信和无线电通信设备；古兰经和有关伊斯兰教的纸质或电子材料。

三、马尔代夫紧急求助联系方式

中资企业及公民在马尔代夫如遇突发状况，或遇有语言不通等特殊情况，应尽快通过各种联系方式与中国使馆领事部门取得联系，告知所遇困难及地理信息，以便尽快解决。

在中资企业间、华人内部发生的纠纷，应尽量内部协商解决，避免矛盾扩大，如需通过法律途径解决纠纷，可通过国内有关单位进行。

如遇恐怖袭击、绑架、抢劫等恶性治安事件，请及时报警，并与中国驻马尔代夫大使馆和工作单位取得联系。

在紧急情况下，可以按需拨打以下号码和联系相关部门：

· 马尔代夫报警电话：119

· 旅游部法律投诉司：（00960）3323224

· 马累 ADK 私立医院总机：（00960）3313553

· 马累国际机场问询处：（00960）3325511

· 外交部全球领事保护与服务应急热线（24 小时）：+86-10-12308，+86-10-65612308

· 中国驻马尔代夫使馆领事保护与协助电话：+960-3010639

Chapter 4
第四章

马尔代夫有关法律规定

一、马尔代夫法律体系概述

马尔代夫是宗教国家，且历史上曾受英国影响，所以马尔代夫法律制度是基于伊斯兰教法和英国普通法的混合体。其法律渊源主要包括宪法、伊斯兰教法、条例、总统法令、国际法和英国普通法等。

人民议会是马尔代夫立法机构，实行比例代表制，所有议员通过选举产生，各行政区议员人数由当地人口数决定，任期 5 年。人民议会通过的法案经总统同意后成为法律。另外宪法还规定人民议会可以依据法律规定的目的，授权任何人或机构发布具有法律效力的命令，规章或其他文书。

马尔代夫司法权归属最高法院、高等法院和依法设立的审判法庭。最高法院于 1980 年在马累设立，下设高等法院及位于马累的民事、犯罪、家庭、毒品和青少年 5 个特别法院和位于各居民岛的 194 个地方法院。上级法院有权推翻下级法院的裁决，下级法院应遵循上级法院的裁决。

二、在马尔代夫投资注册企业需要办理的手续

（一）主管部门及相关法规

马尔代夫经济发展和贸易部负责监督管理商业实体注册，制定经贸政策与法规，协调多双边经贸问题，负责除旅游投资外的进出口、海运和企业管理事务。

在马尔代夫注册和经营商业企业的主要法律法规见表 4-1。

表 4-1 在马尔代夫注册和经营商业企业的主要法律法规

法律名称	主要内容
《商业注册法》	规定在马尔代夫经商者可选择下列规定的方式之一来注册公司、合伙企业、合作社、独资企业等商业实体。
《公司法》	规定在马尔代夫成立的各种股份或私营企业的注册登记方式及管理措施。允许外国公司在马尔代夫注册新公司并开展业务，除法律规定外允许外国公司拥有 100%外资经营所有权。 2023 年新《公司法》向创业者提供更多的便利和机会，取消或修改了一些规定，如最低股本要求和股东数量要求，使得更多的小型企业和个人创业者能够进入市场。此外，新的公司法将允许外国人在马尔代夫拥有 100%的企业股份。新的公司法也将加强对公司的监管和保护，打击企业违规行为
《合伙法》	管理在马尔代夫组建的合伙经营关系
《合作社法》	管理在马尔代夫成立的合作社的成立与运营。不允许外国人在马尔代夫成立合作社
《独资经营法》	管理马尔代夫独资企业的注册登记和运营的具体程序，仅限于马尔代夫国民
《进出口法》	规定了产品进口、出口和再出口方面的管理条例，包括进口税以及免税等方面的具体规章制度
《外国投资法》	管理所有在马尔代夫成立和运营的外资企业，《经济特区法》所允许的外资企业除外。外国投资方须由马尔代夫政府机构承认或经马尔代夫银行及其他合法机构承认、担保，方可在马尔代夫进行投资
《经济特区法》	为在马尔代夫成立经济特区提供原则和方法，并规定在经济特区投资的激励措施和优惠政策

资料来源：马尔代夫经济发展和贸易部。

（二）设立企业的形式

马尔代夫《商业注册法》规定，在马尔代夫设立企业的形式包括公司、合伙企业、合作社、独资企业。外国投资者在马尔代夫常设的实体类型为公司和合伙企业。

1. 公司

新的《公司法》于2024年1月1日生效。该法案规定了在马尔代夫成立、注册、运营和解散公司的条件，以及适用于本国公司的其他规则和程序。

此外，该法案还规定了公司注册、成立和清算的各项条款以及公司登记册的编制、维护和公布规则。根据该法，投资者可以成立私人公司、上市公司、政府公司和地方当局公司。

点评：

马尔代夫的政府公司是指由马尔代夫政府直接或间接控股的公司。这些公司往往在国家经济的关键领域中扮演重要角色，包括但不限于能源、交通、贸易和公共服务等领域。政府公司可能完全由国家所有，也可能政府拥有大部分或部分股份，而剩余的股份由私人投资者或公众持有。

地方当局公司是指由马尔代夫地方政府或其下属机构拥有或控制的公司。这些公司通常在地方层面运作，服务于特定的岛屿或地区，并在其管辖范围内提供各种公共产品或服务。它们可能涉及基础设施建设、公用事业（如供水、供电）、交通、旅游、卫生、教育和社区服务等多个领域。为了提高效率和吸引投资，地方当局公司可能会寻求与私营部门的合作，或者通过公私合作模式进行项目开发和管理。

2. 合伙企业

合伙企业是指自然人、法人根据《合伙法》在马尔代夫境内设立的，由2人以上20人以下形成且至少有一个合伙人为马尔代夫当地居民，以营利为目的的合伙关系组织。自愿组成合作伙伴关系的自然人或法人应当签署并执行合伙协议，合伙协议应当在至少2名见证人在场的情况下签署，见证人也应在合伙协议上签字。

合伙协议应当载明下列事项：合伙企业名称；合伙企业注册地址；合伙时间期限；合伙目的和经营范围；合伙人的姓名及地址；合伙人的出资方式及每个合伙人的股权所占份额；如何分配盈亏；主要合伙人姓名；入伙与退伙；根据《合伙法》的其他要求，承担违约责任。

申请成立合伙企业，应提交如下材料至经济发展和贸易部，主要包括：商业登记表；合伙协议（两份原件）；合伙人和税务负责人清晰、完整有效的护照或身份证副本；如果外国合作伙伴为实体，提交经公证的商业登记证、组织章程文件、董事会决议。合伙人缴纳注册费后完成注册登记。

点评：

合伙企业的注册登记，需缴纳2000卢菲亚；公司的注册登记，需根据注册资本金额决定需缴纳的注册费金额，法律要求最低为1000卢菲亚。

每年2月底前还须向马尔代夫经济发展和贸易部缴纳年费，其中合伙企业每年缴纳2000卢菲亚，公众公司每年缴纳1万卢菲亚，私人公司每年缴纳2000卢菲亚。逾期缴纳的，将被处以罚款；4月底前未完成年费和罚款缴纳的，该合伙企业或公司将被终止解散并从注册管理机构中除名。

（三）注册企业的主要程序

外资企业在马尔代夫注册公司，程序如下：

1. **登录平台**

登录“one Gov”公共服务平台，进入“经济发展和贸易部”，选择“公司注册及变更”服务，可以使用 Efaas 账户进行后续操作。

2. **提交注册材料**

提交董事总经理声明、税务负责人信息表、公司章程等相关材料。

3. **接收通知及付款**

提交成功后，将通过注册电子邮件和电话发送通知。注册人可以从历史记录选项卡中检查请求的状态。申请获批后，状态将变为“已批准”，可以继续付款。一旦申请获得批准并且相关付款已结清，申请状态将变为“已处理”。

4. **预计处理时间**

所有填妥的申请将在同一工作日内处理。

三、马尔代夫对外国投资的市场准入

（一）投资主管部门

马尔代夫在投资领域的主管部门是经济发展和贸易部以及旅游部。

经济发展和贸易部除制定经济贸易政策外，还负责监管贸易和投资活动，吸引和促进外国投资者对本国投资，规范外国投资者在本国的投资行为。

旅游部是马尔代夫主管旅游工作的部门，负责制定旅游法律法规，对开展旅游业务的国内外经营者的行为进行监督等。

（二）投资相关法规

马尔代夫有关外国投资的法律和政策主要是《外国投资法》和《外国直接投资政策》。《外国投资法》规定，马尔代夫经济发展和贸易部负责审批所有来马的外国直接投资申请。《外国直接投资政策》规定，外国直接投资可参与的行业包括19大类。该政策对鼓励投资的行业、限制投资的行业、可以商谈的行业以及完全禁止的行业进行了详细的规定。

（三）投资行业的规定

1. 市场准入

根据马尔代夫投资相关规定，原则上外国投资者可以进入本国所有领域进行投资，鼓励利用当地劳动力或引入外国先进科技和资源的投资项目。外国投资者在马尔代夫开展活动须完成注册。

马尔代夫现行有关商业运营执照和许可证主要分为商业公司、贸易、金融、教育、旅游、建筑等领域，具体内容见表4-2及表4-3。

表4-2 外国投资者注册流程

步骤	内容
向经济发展和贸易部提交外来投资申请书	·经济发展和贸易部的官方网站上有《外来投资申请书》可供下载。 ·凡有意向讨论投资计划的外籍投资者，在提交申请书之前均可随时咨询

续 表

步骤	内容
获取外来投资许可	·凡符合《商业注册法》中的相关标准、经与政府相关部门磋商后所提出的申请可较大概率获批。 ·申请获批的标准时间是 3 个工作日。如果有关部门需要进一步审查申请，则有可能会在 10~14 个工作日之内做出批复
商务车辆的注册	·在提出外来投资申请的同时，企业还要对使用车辆进行注册。 可登录经济发展和贸易部的网站获取登记合法用车申请表
签署外来投资协议	·在注册经营用车的同时必须与经济发展和贸易部签署外来投资协议。该协议概括了在马尔代夫经商过程中的相关事项。如果投资旅游业，则不需要与经济发展和贸易部签署外来投资协议。在这种情况下需要通过政府获取土地，那么需要与旅游部签署土地租赁合同
获取执照和许可证	·根据所从事商业活动的类型，在开展经营之前需要获得营运执照或许可证

资料来源：经济发展和贸易部。

表 4-3 商业运营执照或许可证

活动	证照类型	所涉部门
商业公司	营业执照 外来投资许可证 企业名称注册	经济发展和贸易部

续　表

活动	证照类型	所涉部门
一般贸易	进出口许可证 再进口许可证 免税店许可证 版权许可证	经济发展和贸易部
银行业与金融业	保险公司许可证 保险中介许可证 货币兑换许可证 住宅信贷许可证	货币管理局
	证券交易所执照 伊斯兰教法顾问资格证	资本市场发展管理局
建筑业	外商承包许可证 建筑项目许可证 国内承包商注册	建设和公共基础设施部
教育	教育机构注册	教育部
运输	出国船只注册 离岸许可证	交通局
渔业	鱼类加工证书 制冰厂设备开发许可证	渔业和海洋资源部
特殊产品经销	酒类经营许可证	经济发展和贸易部
	活体动植物的进口事先许可证 烟草及烟草产品的进口事先许可证	食品药品监督管理局
	无线通信产品的进口事先许可证 机动车辆的进口事先许可证	交通局

续 表

活动	证照类型	所涉部门
卫生健康	医院的注册和营业执照 健康中心的注册和营业执照 心理辅导服务的注册和营业执照 养老院的注册和营业执照	卫生部
旅游	度假村/宾馆的营业执照 海上游览许可证	旅游部

2. 禁止投资行业

根据马尔代夫2020年2月出台的新外商直接投资政策，外商投资领域得到拓宽。除以下仅限本地投资的领域外，所有主要经济领域都允许外商投资：林业；矿业的沙子；其他采矿和采石；烟草制品制造；木制及木制产品制造，家具除外；橡胶和塑料制品制造；手工艺品及纪念品制造零售贸易；除建筑材料外，其他行业的批发贸易；陆地运输服务和管道运输；邮政及速递活动；物流活动（运输、仓储）；餐饮服务活动（包括餐厅、面包房等）；节目广播活动；法律活动（包括律师事务所等）；摄影和摄像；租赁活动（包括重型机械租赁等）；就业活动，如职业介绍所和招聘服务；旅行社、旅游经营商、预订服务及相关活动；服务于建筑和景观活动；公共管理和国防；强制性社会保障；开办除理疗服务外的医疗诊所。

3. 限制投资行业

马尔代夫允许外国人投资部分领域，但对外国人的持股比例有限制要求。具体见表4-4。

表 4-4 马尔代夫投资限制领域

外资最高持股比例/%	限制领域
75	鱼类产品的制造；农产品制造业；家具制造业；机械设备的修理和安装；建筑材料批发贸易；国际机场及批准地点的特许经营（包括产品及服务）；航空运输服务（包括货运服务）；仓储和运输支持活动；会计活动；建筑和工程活动；技术测试和分析；其他专业、科技活动；兽医服务；安全和调查活动；办公室行政、办公支持和其他业务支持活动；大学和学院；私立学校；计算机培训机构；职业技术教育学院；体育和娱乐教育；工程学院（包括飞机工程相关课程的培训和实施）；教育支持活动；住宿照顾服务；无住宿的社会工作活动；理疗诊所；创意、艺术和娱乐活动（不包括现场乐队和 DJ）；图书馆、档案馆、博物馆和其他文化活动；体育和娱乐活动；潜水中心和潜水学校
65	建筑建设；土木工程；房地产活动
60	广告
49	海上运输服务（包括船舶所有权）；在批准地点的宾馆（包括所有服务）；水上运动；录制媒体的印刷和复制
40	安装构成建筑物或类似结构的组成部分的设备，如自动扶梯和电梯

资料来源：经济发展和贸易部。

4. 鼓励投资行业

马尔代夫经济发展和贸易部主要鼓励以下投资项目：建立和加强国家必须提供的基本服务；促进经济多样化，减少马尔代夫对旅游业的依赖；扩大出口经济基础；提高马尔代夫的人力资本开发和就业机会；促进产品创新和旅游新市场开发；加强改善卫生和教育部门；扩大和发展马尔代夫体育基础设施和服务；推广清洁能源使用等。主要鼓励投资行业包括金融理财咨询业，审计业，保险业，水上运动开发项目，潜水游乐项目，国内航空业，航空货运物流业，垂钓游乐项目，技术支持服务业，成衣制造业，饮用水生产、包装和分销，IT 业，水泥包装和销售，航空和海运客货运代理，SPA 服务业，水处理厂项目，船舶制造业，软件开发行业，国内海上运输业，融资租赁业，制冰业，海产品加工业，传统医药业，水下摄影、摄像和卡片制造业，特色餐饮业，企业经营评估，飞行教学，咨询、公关、编辑、公告和翻译等服务业。

（四）投资方式的规定

1. 外商投资方式

外国投资者向马尔代夫投资主要通过两种形式：设立实体、收购马尔代夫本地公司股份。

2. 兼并收购规定

马尔代夫尚未设立专门的法律规制兼并收购行为。根据马尔代夫官方投资通行网，外商投资者进行企业兼并收购需要向经济发展和贸易部提交如下文件：股份转让表格；拟进行投资实体修订后的公司章程和备忘录；董事会关于股份转让的决议；新股东和董事清晰完整有效的护照副本；受让实体的董事会决议，决议包含公司将获得的股份数量和百分比的详细信息、被任命的代表外国实体的董事详细信息；向马尔代夫税务局支付外国投资管理费的收据副本。

四、马尔代夫对外国投资的优惠

（一）经济特区优惠政策

马尔代夫《经济特区法》于2014年9月1日生效。该法案旨在建立和管理马尔代夫特定的自由区（经济特区），实现刺激马尔代夫经济增长的一系列目标，内容包括发展经济和金融、增加投资额、为马尔代夫引入知识和技术、增加就业机会、货物及服务贸易增长。

根据《经济特区法》，符合条件的开发者可申请经济特区许可，经许可后才可开发相应的区域，经济特区的数量由政府决定。符合条件的开发者需具备以下条件：

（1）有发展经济特区所需的财务能力，或获得必需资金的能力；

（2）有建造足够的供经济特区使用的城市设施的能力；

（3）拥有经济特区土地或可通过租赁获得土地的法律能力；

（4）有保证经济特区安全的能力。

开发者在经济特区内从事开发基础设施及提供经济特区所需相关服务业务，允许享受以下税收优惠：

（1）免除为开发、管理及运营经济特区所进口资本货物的进口关税；

（2）免除企业所得税；

（3）免除开发、管理及运营经济特区前10年的商品及服务税；

（4）免除开发、管理及运营经济特区前10年预提税。

《经济特区法》同时根据行业和投资性质，给予投资经济特区的投资者不同程度的税收优惠。《经济特区法》认可并给予优惠的行业有：

（1）酒店及旅游发展；

（2）商业地产；

（3）生产制造业；

（4）物流运输业；

（5）码头发展及运营；

（6）通信服务；

（7）教育及健康；

（8）住宅建设；

（9）体育；

（10）财务服务；

（11）机场建设及运营；

（12）研发活动；

（13）其他行业。

（二）金融优惠政策

马尔代夫为缓解中小企业面临的融资挑战，促进融资，启动了信贷担保计划。根据该计划，具有商业价值的中小企业可向参与马尔代夫信贷担保计划的银行提交贷款申请，获得最高90%的资金担保。

五、马尔代夫关于贸易的法律规定

（一）贸易主管部门

马尔代夫主管对外贸易的政府部门是经济发展和贸易部，其与贸易相关的职能包括：管理国家进出口业务；协调解决双边、区域内以及多边经贸事宜；制定政策、指导意见及法律以促进各领域经贸活动的开展等。

（二）贸易相关法规

马尔代夫有关对外贸易的基本法是《进出口法规》。以此为核心，形成了由《海关法》《违禁物品法》《消费者保护法》共同组成的对外贸易法律体系。

（三）贸易管理的相关规定

1. 进出口管制

马尔代夫海关控制着马尔代夫的进出口。马尔代夫海关下设海关文档部门、地区海关办公室等分支部门。其中，海关文档部门负责该国与进出口事务相关的国家政策、进出口管理的执行和维护。地区海关办公室负责处理马尔代夫日常的进出口业务，即向上级部门提供进出口明细单、征收和处理海关报关单、解决进出口商品的通关问题以及回答相关企业和个人有关进出口业务的相关咨询等。

《进出口法规》是马尔代夫产品进口、出口和再出口方面的管理条例。《进出口法规》对马尔代夫进出口产品的种类作出了规定。根据马尔代夫《进出口法规》及《海关法》，政府及相关部门有权对部分种类的货物进行进口管制，主要措施为限制进口及禁止进口。

禁止进口的商品主要包括违反伊斯兰教的物品、神像、色情书刊、活体猪、麻醉致幻类药品等。

限制进口的商品主要包括武器弹药、酒类商品、猪肉或其制品、化学制品、宠物、烟花及爆炸物、药品、烟等。严格管制，对于有特殊需要的单位，须经过有关部门批准后方可进口。

需提供有关证明（许可）方可进口的商品主要包括活体动植物、药品、音像制品、无线通信设备等。

禁止出口的商品主要包括龟背和龟背产品、饵鱼、黑珊瑚及制品、鳗鱼、河豚、海豚、彩虹鱼、鹦鹉鱼、魔鬼鱼、15 厘米以下的大眼鲹、鲸鱼、龙虾、所有珊瑚、特里同螺、马蹄螺和珍珠牡蛎。

马尔代夫限制进口审批主体见表 4-5。

表 4-5 马尔代夫限制进口审批主体汇总

类别	许可主体
白酒和酒类产品	经济发展和贸易部
猪肉及其副产品	经济发展和贸易部
化工及化工产品	国防部/国土安全和科技部
宠物	授权的兽医
枪支/爆炸物/武器和弹药	国防部/国土安全和科技部
活体植物和动物	渔业和海洋资源部
烟草和烟草制品	卫生部
通信设备	马尔代夫通信管理局
氢氯氟烃	气候变化、环境和能源部
活鱼和冷冻肉	港口卫生部
鸟类进口许可证	渔业和海洋资源部
农药和肥料	渔业和海洋资源部、国防部/国土安全和科技部
车辆	交通运输和民航部

资料来源：马尔代夫海关。

2. 进出口商品检验检疫

马尔代夫对进口商品实施较严格的检验检疫，重点是对动物进口要求卫生许可证和进口许可。

马尔代夫全国所有港口均加强了对入境旅客的监控，并对入境的食品和动物进行不间断的检查。对来自黄热病及疟疾流行地区的货机和客机进行强制消毒。

3. **海关管理规章制度**

进口关税方面，马尔代夫政府规定，除大米、糖类、面粉类、古兰经或其节选、旅客携带的部分物品、私人使用物品、备用物品和进口到马尔代夫再出口的货物外，所有进口货物都需要缴纳关税。

出口关税方面，马尔代夫政府规定，除龙涎香外，马尔代夫自然形成和生产的商品和从马尔代夫再出口的商品不征收关税。龙涎香出口关税为 50%。

根据世界贸易组织网站的信息，目前实行的对 WTO 成员的最惠国待遇适用税率，马尔代夫主要进口产品关税为 0。1995 年起正式实施的南亚特惠贸易安排协定规定，马尔代夫对南亚区域合作联盟（SAARC）成员国主要进口产品关税为 0。

六、马尔代夫关于劳工雇佣的法律规定

（一）劳工雇佣主管部门及相关法律体系

马尔代夫劳动用工管理部门是劳资关系管理局。此外，经济发展和贸易部也负责监管外国投资者在本国投资时的劳动用工行为。

马尔代夫与劳动用工相关的法律法规主要有《就业法》《职业介绍所条例》《就业通用条例》《外国人就业条例》《劳资关系法案》等。其中，2008 年颁布的《就业法》是马尔代夫劳工雇佣领域最重要的法律，对工龄、工时、劳动合同、工资、假期等作了详细的规定。

（二）劳工法的核心内容

1. 劳动合同

马尔代夫关于雇主与雇员之间的雇佣关系主要由劳动合同进行规范，有效劳动合同的签订对象需年满 16 周岁且具有一定的行为能力。劳动合同主要内容须包括：雇员信息（如姓名、永久地址、现居地址、身份证号码或护照号码、出生日期等）、工作时间、合同期限、薪资待遇、工资计算方法、发薪日、可准予休假天数、员工绩效考核方式、解雇方式等。

马尔代夫劳动合同主要有以下三种类型：有固定期限劳动合同、无固定期限劳动合同及特定工作类型的劳动合同。其中，有固定期限的劳动合同最长不得超过两年。雇主和雇员均有依法解除劳动合同的权利，如合同中未明确规定解除合同的通知期，则任何一方均可随时终止劳动合同。雇员试用期最多持续 3 个月，在约定试用期满之前，雇主和雇员可以随时终止劳动合同，且无须发出任何通知。

2. 工时和假期

一般情况下雇员不得连续工作超过 5 小时，不得在用餐时间工作，每周工作不得超过 48 小时，不得连续工作超过 6 天。马尔代夫《就业法》对假期也作出了详细规定，见表 4-6。

表 4-6　马尔代夫假期规定汇总

假期类别	假期时长
年假	30 天（需工作满一年）
病假	30 天（需工作满一年）
产假	60 天（需提供医疗证明）
割礼假	5 天（子女举行割礼时）

资料来源：马尔代夫《就业法》。

点评：

马尔代夫以伊斯兰教为国教，作为伊斯兰国家，马尔代夫国民每天祈祷 5 次，开始的时间大致为 4：30、12：15、15：30、18：30、19：40，祷告期间商店停业 15 分钟。因此，外国雇主在马尔代夫经营企业必须尊重和保证员工每日有必要的休息时间用于祈祷。

3. **薪酬**

马尔代夫《就业法》对工资发放进行了详细规定。雇主向雇员支付的工资应是马尔代夫法定货币或马尔代夫银行签发的支票；雇主在斋月前应给员工发斋月奖金，金额不得低于雇员月薪的 1/3（限额在 2000~10000 卢菲亚）；雇主不得随意扣除雇员的薪水或要求雇员返还已发放的工资。

马尔代夫于 2022 年开始施行全国统一的最低工资标准。该标准每 2 年修订一次。新的最低工资标准自 2024 年 7 月开始生效。每周工作时间至少为 30 小时的公共部门长期雇员的最低月工资为 7000 卢菲亚，每小时最低工资设定为 33.65 卢菲亚。私营部门的最低工资按业务分类确定：大型企业员工最低工资标准为每小时 38.46 卢菲亚；中型企业员工最低工资标准为每小时 33.65 卢菲亚；小型企业员工最低工资标准为每小时 21.63 卢菲亚。

4. **社会保险**

根据马尔代夫《就业法》规定，雇主有义务为员工缴纳养老保险、医疗保险等社会保险。

资本市场发展局主要负责监督马尔代夫退休养老金计划的执行，具体发放工作由养老金办公室负责。雇主和雇员在工作期间缴纳的养老金比例为工资的7%。《养老金法》规定，马尔代夫的退休年龄为65岁。2024年2月，穆伊兹总统表示，将致力于推动一项政策，旨在将那些不希望提前退休者的退休年龄上限延长至75岁。相关法案正处于积极的草拟阶段，截至2024年10月，该法案的草案尚未正式对外颁布。

（三）外国人在当地工作的规定

马尔代夫对外籍劳务的输入控制和管理很严格。马尔代夫政府规定，外国人持旅游签证入境后，未经许可不准就业、做生意或从事无论有偿还是无偿的任何职业。

根据马尔代夫法律规定，外国公民必须获得马尔代夫政府批准的工作许可方能赴马尔代夫工作。

申请人可通过马尔代夫的综合行政服务窗口 one. gov. mv，选择“Work & Employment”进行注册申请，其受理部门为国土安全和科技部。

1. 申请资格

（1）外国人赴马尔代夫的工作许可由马尔代夫的雇主申请办理，申请主体可以是马尔代夫企业，也可以是外国在马尔代夫投资的企业，但必须拥有相关职业配额。

（2）相关职业配额的有效期至少应为145天。已使用的配额库应至少与一个有效的工作场所相关联。

（3）准工作许可证持有人应年满18周岁。

（4）如果申请技术和管理岗，需要MQA（马尔代夫学历评审局）资格认可报告，且准工作许可证持有者应具有相关领域的MQA 7级证书或MQA 5级证书，在相关领域至少有5年的工作经验。

2. 申请材料

（1）护照个人资料页：应为清晰的彩色扫描件，有效期至少12

个月；

（2）完整的护照扫描件（如适用）；

（3）2 寸照片；

（4）任命书（包括 Xpat 主页模板上指定的字段）；

（5）马尔代夫移民签证申请人信息表 IM 30 表格；

（6）相关教育证书（专业职业要求）[1]；

（7）相关注册证书，如果准工作许可证持有者的职业要求他们获得执照或注册证书，则应在申请时提交有效期内的执照或注册证书；

（8）准工作许可证持有者的英文体检报告，自签发之日起有效期不得超过 45 天；

（9）准工作许可证持有者的英文警方报告，自签发之日起有效期不得超过 6 个月；

（10）其他要求。根据准工作许可证持有者的职业，可能会要求提供额外的文件。如果需要，会在 Xpat 系统上显示。

3. 申请状态

成功提交后，可以从历史记录选项卡中检查请求的状态。如果申请状态更改为“不完整”，将通过电子邮件和电话发送申请人。一旦申请获得批准，状态将更新为“待付款”。支付押金后，将发出工作准证入境通行证，状态将更新为“已发出（待抵达）”。对于待抵达的工作许可，一旦员工进入马尔代夫，并且马尔代夫移民局更新抵达信息，工作许可状态将更改为“已签发（抵达）”。

---

[1] 专业职业要求至少获得相关领域的 MQA 7 级资格证书。如果学历证书不是英文的，则应翻译学历证书并由以下机构认证：颁发证书的机构；政府机构，包括高级专员公署和领事馆；官方翻译服务提供商；母国政府认可的可提供此类文件官方翻译的机构。

4. 申请所需时间

所有填妥的申请将在 3 个工作日内处理。如果需要任何额外的验证，申请可能会比标准时间更长。

点评：

企业如有意向从第三国雇佣雇员，还需向第三国驻马尔代夫大使馆提交需求函，审批通过方可雇佣。

七、马尔代夫关于税收的法律规定

（一）税收管理机构及税收法律体系

1. 税收管理机构

马尔代夫税务局是马尔代夫唯一负责征收税款的国家机关，主要职能包括：推行税收政策，提供税收技术咨询；依法收缴国家征收的所有税款；根据税法要求准备纳税申报单、索赔单等各项文件资料；宣传税收法律法规等。

马尔代夫税收体制相对简单，但近年来有复杂化的趋势。当前主要税费包括：所得税（包括企业所得税和个人所得税）、商品及服务税、进口关税、环保税（2015 年 11 月起实行）、机场建设费及离境税等。除税收外，旅游地租也是马尔代夫财政收入的一项重要来源。此外，马尔代夫政府也征收其他名目的税费，如公司年费、特许权经营费和机动车船管理费等。

2. 税收法律体系

马尔代夫的税法体系主要包括《所得税法》《所得税规定》《商品及服务税法》《商品及服务税规定》《税务管理法》《税务管理规定》等。

针对各主要的税务法律，马尔代夫还颁布了具体的税收规章、税收裁定和税收政策，共同构成马尔代夫税法体系。

（二）主要税赋和税率

1. 企业所得税

根据《所得税法》，一般税率规定如下：对于本地企业，如年利润在 50 万卢菲亚以下，税率为 0，50 万卢菲亚以上，税率为 15%；对于外商独资和合资企业，税率一律为 15%。另外，根据收入的来源不同，还有一些不同抵扣方法。

2. 个人所得税

个人所得税实行累进税率，年收入 72 万卢菲亚以下部分税率为 0，72 万～120 万卢菲亚部分税率为 5.5%，120 万～180 万卢菲亚部分税率为 8%，180 万～240 万卢菲亚部分税率为 12%，240 万卢菲亚以上部分税率为 15%。

3. 商品及服务税

根据《商品及服务税法》，马尔代夫自 2011 年 10 月 2 日起，对在马尔代夫境内销售和提供的商品和服务征收商品及服务税。

截至 2024 年，马尔代夫一般部门商品及服务税率为 8%，旅游部门商品及服务税率为 16%。它适用于马尔代夫所有商品的供应和进口，但必需品（水果、婴儿食品、鸡蛋、鱼、植物等）除外，这些商品的税率为 0。

《商品及服务税法》对旅游商品和服务作出了明确规定，即如下单位提供的商品和服务属于旅游商品和服务：

（1）旅游局认定的度假村、游客酒店、招待所、野餐岛、游船和邮轮；

（2）潜水学校、商店、按摩、水上运动机构和其他位于前述场所的机构，但不包括仅用于机构员工使用的商店；

（3）旅游局认定的旅行社；

（4）向外国游船提供进入马尔代夫服务的代理机构；

（5）向非马尔代夫居民公民提供服务的本地航空公司；

（6）上述商品和服务以外的都被认定为普通商品和服务。

4. 进口关税

马尔代夫对货物进口实行较为严格的许可证管理制度，区分了禁止进口商品、限制进口商品和需提供有关证明（许可）方可进口的商品，并根据各商品品目的不同，按进口货物的到岸价分别征收5%～200%的关税。

5. 环保税

环保税是根据《旅游法》第六次和第八次修正案，自2015年11月1日开始向在度假酒店、旅馆、观光船停留的旅客所征收的税种。按游客在马尔代夫停留的天数，每日缴纳6美元的环保税，马尔代夫人及持有居民许可证的人无须缴纳。

应缴纳环保税的旅游机构自旅游部向其发放营业执照之日起自动进行环保税登记注册。对于外国旅游船只而言，当地代理机构要进行环保税登记注册，由当地代理机构负责填报环保税申报表和缴纳税款。纳税人须于次月28日前按月填报环保税申报表并缴纳税款。

6. 外国投资管理费

根据马尔代夫《外国投资法》，所有在马尔代夫经济发展和贸易部注册的外国投资项目，均需支付管理费2000美元，约合31000卢菲亚。

7. 公司年费

所有马尔代夫的公司均须缴纳年费，公共公司每年 10000 卢菲亚，私人公司每年 2000 卢菲亚。

8. 机动车管理费

各种机动车辆均须按年缴纳，摩托车、汽车根据发动机排气量收费标准从 180~7500 卢菲亚不等。

（三）税务申报

1. 报税时间

企业所得税按照财政年度 1 月 1 日至 12 月 31 日进行纳税，每年分两次缴纳，上半年税款应在 7 月 31 日前缴纳，全年税款在翌年 1 月 31 日前缴纳，逾期将收取罚息。

2. 报税渠道

外国投资企业需按照《企业利润税法》进行纳税，税务主管部门为马尔代夫税务局。企业可通过马尔代夫税务局系统自行报税。

3. 报税手续

纳税企业首先在马尔代夫税务局注册登记，每年将会计师事务所审计报告上交税务局，并交税。

4. 报税资料

纳税企业在马尔代夫税务局登记后，按照要求提交有关会计报表、审计报告等材料，缴纳税款。

（四）税务检查

马尔代夫税务局会对纳税人进行税务审计，以确保纳税人按税务法规及时准确地缴纳税款。税务审计的目的在于发现未申报纳税事项，鼓励纳税人主动发现并纠正纳税申报中的问题。马尔代夫税务局根据一定的标准筛选税务审计的纳税人，比如特定事项、行业，或根据举报信息，或随机选取。大型企业可能面临经常性税务审计。

在税务审计过程中，被选中审计的纳税人需要根据税务局要求提供相关资料，包括会计记账记录、发票明细、支付凭证等，税务局也可能进行现场取证及访谈，纳税人应予以配合。审计结束后，审计人员会向纳税人出具《税务核查通知书》，纳税人在通知发出后 30 日内根据通知内容进行补税或调整。纳税人对审查通知有异议的，可以向马尔代夫税务局主管部门提出异议和申诉。

（五）税务代理

马尔代夫允许企业聘请税务代理人协助纳税申报以及代表纳税人与税务局沟通等事宜。税务代理人必须获得税务代理许可证并在税务总局注册登记。马尔代夫税务局网站上公布了经批准的税务代理人名单。马尔代夫《税务代理规定》对税务代理人的工作职责、税务代理人级别、税务代理许可证的颁发和撤销、税务代理人行为准则以及纳税人任命和取消税务代理人的程序等进行了详细的规定。

根据《税务代理规定》的规定，税务代理人可以从事的工作范围如下：

（1）计算所得税、商品及服务税以及预提税；

（2）协助准备纳税申报表；

（3）协助准备提交给马尔代夫税务局的与应纳税所得额或纳税人法律权利和义务相关的其他通知、声明和其他文件；

（4）协助准备对马尔代夫税务局决定提出异议的文件；

（5）就税收征管法下纳税人的义务等事宜向纳税人提供咨询服务；

（6）协助纳税人准备税务相关财务报表；

（7）就税务事项代表纳税人与税务局沟通。

（六）税收争议解决

1. 马尔代夫处理税收争议的主要部门

马尔代夫处理税收争议的主要部门为税务局和税务上诉法庭。

2. 税收争议解决方法

根据马尔代夫《税务管理法》的规定，纳税人有权利对国家税务局作出的决定提出异议，无论是税务审核决定或税务调查决定。如果纳税人对异议处理结果不满意的，可以向税务上诉法庭提起诉讼。纳税人对税务争议解决有任何问题的，可以通过下列方式咨询税务机关。热线：+960 1415；传真：331-6577；邮件：1415@ mira. gov. mv。纳税人也可以登录马尔代夫税务局官网查看相关指引。

3. 税收争议的主要类型

税收争议的主要类型包括税收立法缺陷引起的争议，如征纳双方对税法理解不同引起的争议，纳税人责任引起的争议或税务机关责任引起的争议等。

4. 主要解决途径

（1）向税务机关提出异议。

1）可以提出异议的事项。

如果纳税人认为税务机关在税务审计和调查中作出的核查结果不正确或违反了相关法律，纳税人可以向税务机关提出异议。

2）不可以提出异议的事项。

根据马尔代夫《税务管理法》规定，纳税人不可以对税务机关作出的如下决定提出异议：

①税务机关关于内部管理的规定；

②对纳税人进行税务审计和调查的决定和相关通知；

③就从第三方获取有关影响纳税人纳税义务的信息的决定；

④关于免除罚款的决定；

⑤就分期缴纳税款的安排的决定；

⑥关于采取执法行动的决定，例如，冻结纳税人银行账户；

⑦其他事项，除非在法律中另有明确规定可以向税务机关提出异议的情况。

3）税务事项异议申请表。

如果纳税人对税务机关作出的税务核查有异议，须填写《税务事项异议申请表》（903 表）提交给税务机关，其他提交方式将被视为无效。《税务事项异议申请表》可在税务局官网下载。

4）提出异议的时间。

纳税人必须在收到《税务核查通知书》的 30 天内（不包括法定节假日）提交填好的《税务事项异议申请表》，否则将被视为接受税务机关的税务核查决定。

5）税务事项异议申请表的内容。

纳税人应详细阐述提出异议的事项及理由，例如：为何对税务机关的税务裁决提出异议；为何认为税务机关要求补征的税款过高。纳税人可以参考适用的法律规定进行说明。

如果纳税人对税务机关核查确定的应纳税额有异议，纳税人应在《税务事项异议申请表》中附上自己认为正确的应纳税额的计算过程；如果纳税人认为税务机关的核查结果或决定是错误的，应提供相关的证据佐证其观点或测算，如税收收据、付款凭证、合同、协议或信函等。但如果纳税人在税务核查通知书下达之前未向税务机关提交文件或证据，在后续提出异议时也不能提交上述文件或证据资料作为支持证据。纳税人可以请注册税务代理、会计师、律师协助准备异议申请表；如果税务机关驳回纳税人的异议申请，纳税人可向税务上诉法庭提出上诉，上诉申请书应以迪维希语准备或附上迪维希语翻译件。

6）税务机关对税务事项异议申请表的处理。

纳税人提交的《税务事项异议申请表》将会由马尔代夫税务局异议处理部门受理。根据规定，如果税务机关在税务审计期间向纳税人收集相关文件或证据，但纳税人没有提供，在后续税务异议处理期间税务机关将不会接受上述文件或证据资料。税务机关将会基于相关的法律法规来审查纳税人提出税务异议的依据，并决定是否接受该异议。税务机关可能会通过电话或邮件要求纳税人提供额外的信息或资料，纳税人应在给定的截止日期前向税务机关提供上述信息或资料。税务机关也可能会要求与纳税人面谈沟通《税务事项异议申请表》中的事项。

纳税人可以对税务机关评估的全部或部分税款提出异议。税务机关应自提出异议之日起 120 日内给出相关结论，如果在规定期间内税务机关没有得出结论，则应缴税款应以纳税人的意见为准。

7）撤回税务事项异议申请表。

如果纳税人希望撤回税务异议申请，应通过书面方式提出。纳税人撤回异议申请后，税务机关作出的税务核查结果或决定将维持原判不变。

8）异议处理结果。

税务机关对纳税人提交的异议申请作出审查决定后，将会向纳税人出具书面的异议审查报告。如果税务机关同意纳税人的异议申请，会相应地修改税务核查结果。

9）支付税金和缴纳罚款。

即使纳税人向税务机关提交了《税务事项异议申请表》，纳税人仍应在纳税截止日期前向税务机关缴纳有争议的未缴税款。如果异议审查结果有利于纳税人，纳税人已缴纳的税款可用于抵扣以后的应纳税款。

如果纳税人没有在纳税截止日期前向税务机关缴纳税款，虽然未缴纳税款存在争议，但纳税人仍需缴纳逾期的罚款和滞纳金。如果税务机关接受纳税人提出的异议，纳税人之前多缴纳的税款可用于抵扣以后的应纳税款。

10）税款追偿。

在税务机关对纳税人提出的税务异议事项作出决定之前，不会采取任何行动来追偿税款。

（2）向税务上诉法庭提起上诉。

1）异议驳回后向税务上诉法庭提起上诉。

如果税务机关驳回纳税人提出的异议（或异议的一部分），纳税人不满意的，在异议审查报告出具后的60天内，纳税人可以向税务上诉法庭提起上诉。纳税人在支付受争议税款金额（不包括罚款）的25%后，可以行使向法庭提起上诉的权利。上诉法庭需在纳税人提起上诉后的180天内就提出的异议作出裁定。如果上诉法庭未能在180天内作出裁定，则可延长相应的期限（不超过90天）。

2）直接向税务上诉法庭提起上诉。

纳税人可以就以下事项直接向税务上诉法庭提起上诉，无须事先向税务机关提出异议：根据《税务管理法》规定，税务机关在税务审计期间向纳税人发出的准备文件的通知；税务机关作出的要求纳税人将应支付给另一拖欠税款的纳税人的款项直接支付给税务局的通知

（该上诉只能由第三方提出）；税务机关根据《税务管理法》和所得税法作出的民事处罚。

3）在税务上诉法庭驳回异议后向高等法院提起上诉。

纳税人可在税务上诉法庭作出裁定之日起60天内向高等法院提起上诉；高等法院应在纳税人提起上诉后的180天内作出裁决；如果高等法院未能在180天内作出裁决，则可延长相应的期限（不超过90天）。

4）在高等法院驳回异议后向最高法院提起上诉。

纳税人可以在高等法院作出裁决之日起60天内向最高法院提出上诉；最高法院应在纳税人提起上诉后的180天内作出裁决；如果最高法院未能在180天内作出裁决，则可延长相应的期限（不超过90天）。

八、马尔代夫关于用地的法律规定

（一）土地资源管理部门及相关法律法规

马尔代夫住房、土地和城市发展部是该国土地资源管理部门。

马尔代夫与土地相关的法律有《土地法》《荒岛法》《旅游法》《宪法》等。根据上述法律，外籍人士可以通过租赁获得土地使用权。

（二）外资企业获得土地的规定

马尔代夫为伊斯兰国家，外国企业和个人无权取得土地的所有权，但可以租赁。根据相关法律规定，外国人可以长期租赁房地产，但是宪法规定租期最长不得超过99年。一些法律还对长期租赁期限进行了特别规定。

《土地法》允许外国人在有居民的岛屿上租赁土地。针对划拨给政府部门的国有土地，外籍人士可以签署最长 99 年的租赁合同；针对私人拥有的土地，外籍人士可以签署最长 50 年的租赁合同。

《荒岛法》对用于非旅游开发的荒岛租赁期限进行了专门规定。根据该法，外国投资者对荒岛投资额不超过 1000 万美元时，租赁期限最长 21 年；如果投资额超过 1000 万美元，则政府有权将租赁期限延长最多至 50 年。

《旅游法》负责管理用于旅游开发的无人荒岛租赁。如果某岛屿被指定用于旅游，则在该岛屿开发旅游并经营旅游度假村的投资者，土地租赁期限最长 50 年。如果满足如下条件：向政府付清应缴土地租金、税费或罚款；度假村正常营业；预付 500 万美元的延期费，政府可在原 50 年租期之上再追加 49 年租期。

九、马尔代夫关于环境保护的法律规定

（一）环保管理部门及相关法律法规

马尔代夫气候变化、环境和能源部负责制定与保护岛屿有关的政府政策、法规、计划和项目；实施与提供清洁水和适当的污水处理服务、清洁的能源服务、无污染的清洁健康环境；倡导小岛屿国家在应对气候变化中的权利，调动资金适应和减轻气候变化的负面影响，在政府内部协调可持续发展目标，保护自然环境等。

环境保护局、马尔代夫气象局、公用事业监管局、联合国教科文组织芭环礁生物圈保护区办公室等政府机构隶属于马尔代夫气候变化、环境和能源部，行使其职能。

马尔代夫有许多关于环境问题和保护的立法，例如《环境保护

法》《岛屿植被和植物保护条例》《废弃物管理法》《旅游法》《进出口法规》等。

《环境保护法》是国家环境保护的法律基础。此法案赋予环保管理部门对环境保护问题具有广泛、强制性的权力。同时，不同的政府部门会不时颁布一些不同类型的法规，其中一部分将影响度假景区的运营。例如，前住房及基础设施部对在马尔代夫建筑物建设中应采用的方法和材料标准制定了相关法规；旅游部为管理度假村及岛上房地产开发区域的房间、设施的质量和标准制定了相关法规。

马尔代夫也签署了一系列环境保护的国际公约和条约，如《保护臭氧层维也纳公约》《关于消耗臭氧层物质的蒙特利尔议定书》《控制危险废弃物越境转移及其处置的巴塞尔公约》《21 世纪议程》《里约环境与发展宣言》《生物多样性公约》《联合国气候变化框架公约》《南亚区域海洋行动计划及其实施的相关决议》《京都议定书》。

（二）环保法律法规基本要点

马尔代夫提倡全民环保意识，各相关政府部门均需要制定相关行业的环保条例；明确负责环境保护和评估的政府职能部门和职责；对废弃物、油、有毒和有害物品进行了界定；制定了破坏环境的具体惩罚标准。

马尔代夫制定了“一岛一度假村”政策；每个度假区内的建筑占地面积只能占景点面积的 20%；度假区内建筑的高度不能超过最高的棕榈树；马尔代夫的一些环状珊瑚岛周围禁止捕猎鲨鱼等鱼类；海龟是保护动物，禁止买卖海龟。

（三）环保评估的相关规定

目前，马尔代夫环保评估主管机构为气候变化、环境和能源部下属的环境保护局。马尔代夫环评法规主要是2007年住房、土地和城市发展部出台的《环境影响评估规定》。该规定对环评报告的范畴、申请程序、项目规划、法定责任等作了要求。根据该规定，申请人（本国与外国企业）在马尔代夫开展投资或工程承包前，向具有资质的环评顾问提供材料，请其就项目对环境与生态系统的累积影响等出具鉴定意见，而后申请人将鉴定意见与其他材料提交至环境保护局，环境保护局于5个工作日内召开会议审核材料，并确定是否需要做现场勘查，审核后在2周内向申请人签发环境决定声明，对申请人的项目或行为是否会对环境与生态构成严重影响或威胁作出结论，申请人需负担期间所有费用与支出，并向环保局支付一定的管理费用，费用金额视项目规模而定，需提前缴纳，且不能退还。

十、马尔代夫反腐败、反不正当竞争及反洗钱等方面的法律规定

（一）反腐败

1. 反腐败监管机构

反腐败委员会是马尔代夫第一个现代形式的民主机构，成立于2008年10月16日，其主要职能是预防和禁止马尔代夫公共部门的腐败。

2. 反腐败相关法律

马尔代夫为打击腐败而制定的第一个法案是2000年8月31日发布的《预防和禁止腐败法》。它规定了国家机构预防和禁止公共腐败行为的法律规定和准则。2008年9月24日批准的《反腐败委员会法》

是反腐败委员会依法进行管理的法律依据。

《预防和禁止腐败法》对16类涉及贿赂和腐败的违法行为进行了规定，约束对象包括政府官员、议会人员、司法人员、公众社团、企业、个人等。根据该法规定，行贿、受贿、索贿，同意行贿、受贿以及不能有效配合调查都被视同犯罪，将根据不同对象，判处1年至10年以下有期徒刑，方式为监狱关押、监禁、放逐等。

[案例 4-1]

在东方电气集团国际合作有限公司总承包的马尔代夫柴油机发电及海水淡化项目中，负责管理各个分包施工团队的项目经理发现施工队未按照图纸施工，要求重新返工。施工队负责人希望能私下解决，不要重新返工，影响工期。经理直接拒绝，必须按照标准和规范管理和执行项目，保证项目质量。

点评：

中国企业在马尔代夫开展工程承包等项目时，应当充分了解并严格遵守马尔代夫《预防和禁止腐败法》的有关规定，防止因触犯法律规定而对企业在马尔代夫的经营造成不利影响。

（二）反不正当竞争

马尔代夫经济发展和贸易部是负责反不正当竞争的主要机构，包括审理、审查和处理与竞争有关的投诉。2020年通过的《竞争法》《消费者保护法》是马尔代夫反不正当竞争的专项法律。

《竞争法》是维护市场经济秩序、促进经济活力的关键立法，旨在促进形成积极的竞争环境和公正的商业实践，同时遏制可能抑制经济增长的市场垄断和寡头垄断现象。此法确立了一系列机制，用以追责违反公平竞争原则的实体，包括严禁企业通过操纵市场来获取不当利益，以及防范强势企业滥用其市场主导地位，强制或诱导竞争对手进行非自愿合并。通过这些规定，《竞争法》不仅为企业间的良性竞争设定了界限，还授权监管机构行使必要的自由裁量权，以维护一个健康、充满活力的商业生态。

《消费者保护法》是保障消费者权益、维护市场诚信的重要支柱。该法明确了消费者在购买商品与服务时应享有的权利，以及确保这些权利得以实现的相应措施。它涵盖了多方面的消费者保护条款，例如防止消费者遭受误导性广告的侵害，杜绝商品与服务销售中的歧视行为，以及实施严格的产品安全标准。尤其值得关注的是，该法还设有专门条款，确保消费者有权对有瑕疵或损害的商品提出索赔。

（三）反洗钱

马尔代夫在 2014 年通过了《防止洗钱和资助恐怖主义法》，简称《反洗钱法》。这一立法举措赋予了马尔代夫货币管理局下属的金融情报单位广泛的执法权限，使其能够有效监管并应对违反《反洗钱法》的行为。

《反洗钱法》是马尔代夫反洗钱法律框架的核心，它确立了金融机构和特定非金融行业在识别可疑交易、报告大额现金交易、保存交易记录以及进行客户尽职调查等方面的义务。此外，《反洗钱法》还规定了相应的处罚措施，以确保法律的有效执行。

马尔代夫是亚太反洗钱小组成员，与该小组各成员国开展密切合作，共同打击洗钱等犯罪活动。亚太反洗钱小组于 2006 年成为反洗钱金融行动特别工作组的准成员。

点评：

马尔代夫对于洗钱行为有着明确的法律规定和严厉的惩罚规

则。企业在马尔代夫开展经营活动时，应当充分了解、遵守马尔代夫《反洗钱法》有关规定，防止因违反有关法律规定而对企业在马尔代夫的经营造成不利影响。

十一、马尔代夫对保护知识产权的规定

（一）马尔代夫知识产权保护机构及相关法律法规

马尔代夫没有一个专门负责知识产权的部门，经济发展和贸易部可处理与版权、商标等有关知识产权的事项。

马尔代夫是世界知识产权组织的成员国。马尔代夫关于知识产权保护的法律法规主要包括《版权及相关权利法》和《普通法》等。《版权与相关权利法》是马尔代夫第一部真正意义上保护知识产权的法律，版权的范围包括文字作品，音乐、戏剧、曲艺、舞蹈作品，美术、摄影作品，电影、电视、录像作品，工程设计、产品设计图纸及其说明，地图、示意图等图形作品，计算机软件等。马尔代夫没有保护商标的专门法律。

（二）知识产权规定

1. 商标权

马尔代夫尚未出台注册商标的法律规定。经济发展和贸易部是马尔代夫商标注册的主管部门，申请注册商标的个人或单位需按要求向经济发展和贸易部提交申请表及其他相关材料，并支付相关费用。

只有在马尔代夫注册的企业才能进行商标申请。商标可登记的最长年限是5年。若企业未在马尔代夫注册，可根据马尔代夫《普通法》规定，通过在马尔代夫主要报纸上发布商标警示公告的方式，列明该

商标所涵盖商品的类别，保护企业所有商标权利。如需刊登商标警示公告，需提供该商标持有人的有关文件、商标标识等信息，必要时可委托当地代理机构进行。

2. 专利权

马尔代夫主管专利权的部门是经济发展和贸易部，外国企业在马尔代夫申请专利需委托国际或当地代理机构。

3. 版权

在马尔代夫，无论著作的表现形式和表现方式如何，均可获得专属创造性的保护。受保护的文学作品和艺术作品主要有书籍、册子、论文、发言稿、音乐制品、摄影作品、草图、计算机程序等。

（三）知识产权侵权的相关处罚规定

根据《版权与相关权利法》，法院对侵犯他人知识产权的企业或个人可发布禁令，要求其停止侵权行为并赔偿权利所有人相应损失。情节严重的，法院有权查扣侵权物品，并对侵权人处以 1 万 ~3 万卢菲亚罚金；情节特别严重的，处以 5 万 ~30 万卢菲亚罚金，并处以 5 年以下监禁。

十二、马尔代夫对外国公司承包当地工程的规定

（一）许可制度

马尔代夫原则上不禁止外国自然人承揽工程，但实际操作中会依据项目规模、资金状况和业主的具体要求设定门槛。企业性质、当地注册需求、资质证明等特殊要求，会在招标文件中详细说明。

（二）禁止领域

马尔代夫原则上允许外国承包商进入所有领域。除国防和敏感领域外，只要符合投标资格审查条件，外国企业即可参与投标。

（三）基础设施 PPP 模式的规定

马尔代夫尚无专门管理 PPP 模式的政府部门，亦无 PPP 模式相关法律法规。已实施的 BOT 项目很少，但为促进外资进入，马尔代夫政府正在尝试推行 PPP 模式下 BOT 模式，如太阳能发电项目、污水处理项目、填海造地项目、跨海大桥项目等，特许经营年限并不固定。

十三、马尔代夫对中国企业投资合作的保护政策

1. 马尔代夫对中国企业投资合作的保护协定

中国和马尔代夫尚未签署双边投资保护协定以及避免双重征税协定。

2. 其他协定及发布的声明

1981 年，中国和马尔代夫签署《中华人民共和国政府和马尔代夫共和国政府经济技术合作协定》。

1994 年，中国和马尔代夫签署《中华人民共和国政府和马尔代夫共和国政府民用航空运输协定》。

2004 年，中国和马尔代夫签署《中华人民共和国政府和马尔代夫共和国政府贸易和经济合作协定》。

2009 年，中国和马尔代夫签署《中马经济技术合作协定》。

2017 年，中国和马尔代夫在北京签署《中华人民共和国政府与马尔代夫共和国政府自由贸易协定》。根据该协定，中国与马尔代夫

95%以上的货物贸易产品实现零关税。双方还就金融、医疗、旅游等服务部门作出了市场开放承诺。

2024年1月，马尔代夫总统穆伊兹访华期间，中马双方签署《中国中央广播电视总台与马尔代夫公共服务媒体合作备忘录》和《中华人民共和国新华通讯社与马尔代夫共和国公共服务媒体新闻合作谅解备忘录》。

十四、在马尔代夫解决纠纷的主要途径及适用法律

中国企业在马尔代夫开展投资经营活动，需要严格遵守当地法律法规，并根据签订的商业合同履行义务、维护自身合法权益。在马尔代夫，关于外国投资者与本地企业在当地投资合作中发生的纠纷，主要解决方式包括调解、仲裁和诉讼。

（一）调解

1. 行政调解

政府行政管理部门内设调解机构，多由主管部门解决。如涉及渔业相关的纠纷由渔业和海洋资源部负责协调解决；涉及空运企业在运输过程中产生的争议由交通运输和民航部负责协调解决；对能源环保等领域进行投资遇到的纠纷由气候变化、环境和能源部负责协调解决等。

2. 新加坡调解公约

马尔代夫是《联合国关于调解所产生的国际和解协议公约》（以下简称《新加坡调解公约》）缔约国，如发生国际纠纷，可以通过签署和解协议的方式解决。该和解协议必须是书面协议，口头协议无效。

通过《新加坡调解公约》进行调解的纠纷需满足以下条件：

（1）国际纠纷。该公约仅适用国际争议纠纷，不适用国内纠纷。

（2）第三方调解员。调解必须有第三方调解员介入，双方当事人不得自行达成和解协议。

（二）仲裁

1. 仲裁相关法律

《仲裁法》是马尔代夫仲裁的基本法律依据，主要规定了仲裁机构的组成、职权、当事人的条件、当事人的权利和义务、仲裁条款、仲裁程序等内容。

2. 仲裁人员

提交仲裁事项的各方可自行商定仲裁员任命的程序；提交仲裁事项的各方可决定需要一名或多名仲裁员，但仲裁员的数量必须为奇数。对仲裁员禁止国别歧视。

3. 仲裁语言

仲裁程序自仲裁当事人收到仲裁通知之日起开始。仲裁使用的语言由当事人商议决定，未达成一致时由仲裁庭决定。

4. 仲裁法律

仲裁适用的法律由当事人商议决定，未达成一致时由仲裁庭决定，仲裁庭应选取适当的法律进行适用。

5. 仲裁费用

仲裁费由当事人商定后共同分担，未达成一致时由仲裁庭决定。

6. 仲裁裁决

根据合同中仲裁条款约定的内容，马尔代夫仲裁裁决可能具有约束力或不具有约束力，具有约束力的仲裁裁决与法院判决具有同等意义。

7. 仲裁执行

中国和马尔代夫均为《承认及执行外国仲裁裁决公约》的缔约国，根据该公约，两国境内仲裁机构作出的裁决均可在对方国家获得承认和执行，对双方当事人均有约束力。

（三）诉讼

1. 诉前防范

企业在签订合同时，应对未来履行合同过程中可能产生的争议提前设置解决措施，事先在合同中约定出现争议时的解决方案。在合同履行过程中一旦发生争议，中国企业应根据争议的性质和规模等及时向律师事务所、经济贸易仲裁机构等寻求帮助。

2. 诉讼体系

马尔代夫的法院体系分为三级，分别为最高法院、高等法院和地方法院。其中，最高法院拥有对一切案件的终审决定权；高等法院在马累等地设有分院受理诉讼；地方法院设在各个居民岛解决本地的争议纠纷。

马尔代夫在首都马累设有五个特别法院，分别审理民事、刑事、家事、毒品和青少年相关案件。

十五、在马尔代夫投资注意事项

企业在进入马尔代夫投资市场之前，需要进行市场调查，了解当地的市场需求和商机；在投资过程中需要确保所签订的合同和协议符合马尔代夫的法律和监管制度；在招募和管理当地的员工时，需要考虑当地的就业法律和规定。总之，在马尔代夫投资可以获得很多商业机会，但是需要进行充分的研究和准备，以确保投资合法有效，并获得更高的回报。

（一）境外投资

马尔代夫严格限制外资进入资源型产业，中资企业如对资源型项目感兴趣，以合作形式等擦边球的方式进入，很可能把自己置于被动的地位，失去维护自己权益的权利。因此，中资投资务必持有法律认可的股权。

马尔代夫生态环境优越但脆弱，相应环保法规极其严格，务必了解注意。注意避免项目操作失误引起环境污染，引致严厉处罚以及其他法律责任。马尔代夫很多潜在项目看起来利润空间很大，但由于其特殊的地理位置和资源限制，不可预测的费用极大。比如，马尔代夫物流费用极高，做投资成本评估时切不可以套用国内的物流经验做评估测算。

马尔代夫与中国的工程、产品质量认定等标准有不一致的情况。因此，在合同执行和认定过程中有可能出现争议，建议在考察前期充分了解相关标准体系和操作规程，完善合同细节条款。

马尔代夫物资缺乏，生产和生活物资几乎全依靠进口，会增加企业的经营成本。马尔代夫本地人工作效率远低于中国，且诚信意识有待提高，没有时间观念。因此，做项目进度计划时务必预留充足的时间。

由于当地法规更偏向当地人的利益，中资和马方合作，选择合适的投资伙伴务必严谨慎重。

近几年，有国内企业投资人赴马尔代夫投资渔业资源等项目，由于马方很多领域实行准入限制，导致只能以当地人名义注册经营企业。最初的合作虽然顺利，但当出现利益冲突时，马尔代夫合作方可能强行占有企业，从而导致中国投资方重大经济损失。

（二）对外承包工程

马尔代夫承包工程市场较小，政府近年推出了一些发展项目，但毕竟财力有限，往往希望外国企业带资实施项目，但可推出的项目十分有限。马尔代夫资源短缺，工程设备及材料基本完全依靠进口。如果在外岛施工，岛屿之间依靠水上运输，运输成本较高。中资企业在马开展承包工程业务，一定要对建筑成本进行充分测算，防范风险。

马尔代夫气候炎热，空气湿度大，海水含盐分高，腐蚀性强，施工场地有限。中资企业前往承担工程项目，要充分考量以上因素，科学评估，并采取有效措施应对。中资企业在马尔代夫实施工程承包项目，需要注意以下几点：

（1）马尔代夫以旅游业为主要产业，工程施工对环境的影响被尤为重视。所有施工项目都需要提交环境影响评价报告，并获得环评批准。

（2）中资企业在马尔代夫承包项目多为 EPC 模式，边设计、边采购、边施工。总承包单位管理责任大、风险高，需统筹协调设计、采购、施工及外部的多方关系，要组建先进的设计管理团队，与业主方建立定期协调机制，及时反馈需求、设计审核意见，力求达成共识。

（三）对外劳务合作

马尔代夫当地企业雇主若想引进外籍雇员，需为外籍雇员取得合法的工作签证。首先，需向经济发展和贸易部申请批量配额，并提交所要招聘的职业列表及数量；其次，待配额审核批准后，雇主需准备雇员资料（护照电子版、照片、简历、文凭等）通过马尔代夫当地具备资质的签证（劳务）中介公司提交至马尔代夫政府系统进行审批，并缴纳工作许可押金（押金数额因国籍不同而不同，拟雇中国籍人员的押金约为 560 美元）；最后在缴纳押金后，系统会发放工作许可，外籍雇员凭借工作许可入境马尔代夫。

雇员入境后需进行体检，缴纳保险费、签证费、制卡费等之后，获得马方工作签证。待雇员工作期满离境后，申请工作许可注销，退还工作许可押金。其中，雇主若想引进孟加拉国、斯里兰卡等第三国雇员，还需向目标国驻马尔代夫大使馆提交需求函，审批通过后方可从该目标国引进雇员。

雇员必须年满 18 岁且持有有效护照（有效期一年以上）；雇员需做出国前体检，筛查肺结核、艾滋病、性病、乙肝 4 项，以免入境后体检未通过导致被遣返；雇员需在工作许可下发后 90 天内入境，否则视为失效。

（四）防范投资合作风险

在马尔代夫开展投资、贸易、承包工程和劳务合作的过程中，要特别注意事前调查、分析、评估相关风险，事中做好风险规避和管理工作，切实保障自身利益。包括对项目或贸易客户及相关方的资信调查和评估，对项目所在地政治风险和商业风险分析和规避，对项目本身实施的可行性分析等。企业应积极利用保险、担保、银行等保险金融机构和其他专业风险管理机构的相关业务保障自身利益。包括贸易、投资、承包工程和劳务类信用保险、财产保险、人身安全保险等，银行的保理业务和福费廷业务，各类担保业务（政府担保、商业担保、保函）等。

如果在没有有效风险规避情况下发生了风险损失，也要根据损失情况尽快通过自身或相关手段追偿损失。通过信用保险机构承保的业务，则由信用保险机构定损核赔、补偿风险损失，相关机构协助信用保险机构追偿。

中资企业在马尔代夫投资，要注意一定要找当地的法律顾问进行咨询，按照马尔代夫法律规定程序，完成所有的合法手续。同时，马尔代夫政府法律不健全，国家相关的法律经常发生变化，由于法律变更导致的投资者利益受损的事情时有发生。

Chapter 5

第五章

工程项目投建营全生命周期中的合规要求

对企业风险管理重要组成部分的项目合规管理，要先识别合规义务，即合哪些规。企业应以适合其规模、复杂性、结构和运行的方式记录其合规义务。合规义务的来源包括合规要求和合规承诺。

1. 合规要求

合规要求指企业必须遵守的外部各项法律法规、监管规定。

（1）境内经营：境内工程建设相关的法律、法规、部门规章。

（2）境外经营：强调所在国的法律法规、国际条约、规则等。强调对外承包工程相关的投标管理、合同管理、项目履约、劳工权利保护、环境保护、连带风险管理、债务管理、捐赠与赞助、反腐败、反贿赂等方面的要求。

2. 合规承诺

合规承诺指企业自愿遵守的指引、合约、协议、内部章程、规定等。

按内容划分，合规义务又可以分为以下四类：

（1）法律、法规、规章、政策。

（2）行业协会等自律性组织的规范、标准、惯例等。

（3）公司章程及企业内部规章制度。

（4）诚实守信的职业道德。

本章按工程项目投建营全生命周期，梳理了各个阶段的合规要求。

一、第一阶段：项目前期论证

在马尔代夫开展工程项目的投资、建设和运营前，应遵守中国内合规要求。获准在境外经营后，既要严格遵守马尔代夫关于投资、工程建设、环境保护、税务、劳动用工等方面的要求和规定，也要尊重当地的文化习俗，这是企业在马尔代夫正常经营的前提，也是企业在该国获得长期稳定发展的必要条件。

（一）中国境内合规要求

中资企业开展境外投资活动前，应当完成中国境内的核准、备案程序，避免出现境外工作完成后因境内合规问题导致投资失败的风险。

1. 中国境内相关政策法规

中资企业境外投资需要遵守的国内相关政策法规主要包括：国家发展改革委、商务部、国家外汇局、国资委等部门制定的相关政策法规等，具体内容见表5-1。

表5-1 中资企业境外投资需要遵守的国内相关政策法规

序号	部门规章	发文机构	发布时间
1	《境外投资管理办法》	商务部	2014年
2	《企业境外投资管理办法》	国家发展改革委	2017年
3	《境内机构境外直接投资外汇管理规定》	国家外汇局	2009年
4	《关于境内居民通过特殊目的公司境外投融资及返程投资外汇管理有关问题的通知》	国家外汇局	2014年
5	《关于进一步改进和调整资本项目外汇管理政策的通知》	国家外汇局	2014年
6	《关于进一步简化和改进直接投资外汇管理政策的通知》	国家外汇局	2015年

续 表

序号	部门规章	发文机构	发布时间
7	《关于驻外经商机构为企业办理对外承包工程项目投标（议标）核准意见的暂行规定》	商务部	2015 年
8	《国家外汇管理局关于进一步推进外汇管理改革完善真实合规性审核的通知》	国家外汇局	2017 年
9	《中央企业境外投资监督管理办法》	国资委	2017 年
10	《关于进一步引导和规范境外投资方向的指导意见》	国家发展改革委、商务部、人民银行、外交部	2017 年
11	《对外承包工程管理条例（2017 年修订）》	国务院	2017 年
12	《境外投资敏感行业目录（2018 年版）》	国家发展改革委	2018 年
13	《对外投资备案（核准）报告暂行办法》	商务部、人民银行、国资委、银监会、证监会、保监会、国家外汇局	2018 年
14	《商务部办公厅关于做好国内企业在境外投资开办企业（金融企业除外）核准初审取消后相关工作的通知》	商务部	2018 年
15	《对外投资备案（核准）报告实施规程》	商务部	2019 年
16	《关于加强疫情期间境外工程项目和在外人员统计的通知》	商务部	2020 年

续 表

序号	部门规章	发文机构	发布时间
17	《关于促进对外设计咨询高质量发展有关工作的通知》	商务部等19部门	2021年
18	《对外投资合作绿色发展工作指引》	商务部、生态环境部	2021年
19	《数字经济对外投资合作工作指引》	商务部、中央网信办、工业和信息化部	2021年
20	《对外承包工程业务统计调查制度》和《对外劳务合作业务统计调查制度》（修订）	商务部	2022年
21	《关于推进共建“一带一路”绿色发展的意见》	国家发展改革委、外交部、生态环境部和商务部	2022年
22	《商务部办公厅关于继续做好境外企业和对外投资联络服务平台相关工作的通知》	商务部	2023年
23	《境外中资企业机构和人员安全管理指南》（第三版）	商务部	2023年
24	《对外承包工程项目备案和立项管理办法》	商务部	2024年

点评：

法律法规动态更新，可查询我国商务部“走出去”公共服务平台查看最新的政策法规。

2. 境内核准/备案流程及主要规定

（1）国家发展改革委相关规定。对敏感类项目实行核准管理，对非敏感类项目实行备案管理。具体见表 5-2。

表 5-2　国家发展改革委相关规定

项目分类	境内企业直接开展投资	境内企业通过其控制的境外企业开展投资	具体内容
敏感类项目	核准（国家发展改革委）	核准（国家发展改革委）	实行核准管理的，投资主体向核准机关提交项目申请报告并附具有关文件，项目申请报告应当包括以下内容：投资主体情况；项目情况，包括项目名称、投资目的地、主要内容和规模、中方投资额等；项目对我国国家利益和国家安全的影响分析；投资主体关于项目真实性的声明。 核准机关应当在收到项目申请报告之日起 5 个工作日内一次性告知投资主体需要补正的内容。核准机关应当在受理项目申请报告后 20 个工作日内作出是否予以核准的决定。项目情况复杂或需要征求有关单位意见的，经核准机关负责人批准，可以延长核准时限，但延长的核准时限不得超过 10 个工作日，并应当将延长时限的理由告知投资主体。符合核准条件的项目，核准机关应当予以核准，并向投资主体出具书面核准文件

续 表

<table>
<tr><th>项目分类</th><th>境内企业直接开展投资</th><th>境内企业通过其控制的境外企业开展投资</th><th>具体内容</th></tr>
<tr><td rowspan="2">非敏感类项目</td><td>央企、大额：备案（国家发展改革委）

央企、非大额：备案（国家发展改革委）</td><td>央企、大额：报告（国家发展改革委）

央企、非大额：无须履行手续</td><td rowspan="2">实行备案管理的，投资主体通过网络系统向备案机关提交项目申请报告并附具有关文件。项目备案表或附件不齐全、项目备案表或附件不符合法定形式、项目不属于备案管理范围、项目不属于备案机关管理权限的，备案机关应当在收到项目备案表之日起 5 个工作日内一次性告知投资主体。备案机关在受理项目备案表之日起 7 个工作日内向投资主体出具备案通知书。
投资主体通过其控制的境外企业开展大额非敏感类项目的，投资主体应当在项目实施前通过网络系统提交大额非敏感类项目情况报告表，将有关信息告知国家发展改革委。投资主体提交的大额非敏感类项目情况报告表内容不完整的，国家发展改革委应当在收到之日起 5 个工作日内一次性告知投资主体需要补正的内容</td></tr>
<tr><td>非央企、大额：备案（国家发展改革委）

非央企、非大额：备案（省级发展改革委）</td><td>非央企、大额：报告（国家发展改革委）

非央企、非大额：无须履行手续</td></tr>
</table>

表 5-2 中的“敏感类项目”指涉及敏感国家和地区的项目和涉及敏感行业的项目。

“敏感国家和地区”指与我国未建交的国家和地区；发生战争、内乱的国家和地区；根据我国缔结或参加的国际条约、协定等，需要限制企业对其投资的国家和地区；其他敏感国家和地区。

“敏感行业”指由国家发展改革委发布的敏感行业目录中的行业，例如武器装备的研制生产维修、跨境水资源开发利用、新闻传媒、房地产业，根据我国法律法规和有关调控政策需要限制企业境外投资的行业等。

“大额”指中方投资额 3 亿美元及以上。

（2）商务部相关规定。2018 年 1 月，商务部、人民银行、国务院国资委、银监会、证监会、保监会、国家外汇局共同发布了《对外投资备案（核准）报告暂行办法》，规定由商务部牵头对外投资备案（核准）报告信息统一汇总，各部门定期将备案（核准）信息和报告信息通报商务部，实行“备案为主、核准为辅”的管理方式。

2018 年 8 月，商务部印发《商务部办公厅关于做好国内企业在境外投资开办企业（金融企业除外）核准初审取消后相关工作的通知》。随后，到了 2019 年 5 月，商务部又进一步发布了《对外投资备案（核准）报告实施规程》，明确了相关工作细则。

2024 年 5 月，商务部发布《对外承包工程项目备案和立项管理办法》，旨在通过规范化管理，促进对外承包工程行业的健康发展，同时保障国家利益和企业权益，办法核心内容包括：

①一般项目备案管理。在外交关系良好、安全风险低的国家承包的非多国利益项目，企业需在商务主管部门备案，并对信息负责。

②特定项目立项批准。在外交关系不良或风险高的国家的项目，以及涉及多国利益的项目，需商务部批准。

③项目信息报告。企业需定期向相关部门报告项目进展，并在突发事件发生时立即报告。

④业务分级管理。商务部负责全国管理，省级商务部门负责地方企业备案和监督。商务主管部门提供服务保障，支持合规经营，并对

违规企业进行处罚。

企业境外投资涉及敏感国家和地区、敏感行业的，实行核准管理。企业其他情形的境外投资，实行备案管理。实行核准管理的国家主要是与我国未建交的国家、受联合国制裁的国家。必要时，商务部可另行公布其他实行核准管理的国家和地区的名单。实行核准管理的行业主要是涉及我国限制出口的产品和技术的行业、影响一国（地区）以上利益的行业。

（3）国家外汇局相关规定。银行按照国家外汇局《直接投资外汇业务操作指引》直接审核办理境外直接投资项下外汇登记，国家外汇局及其分支机构通过银行对直接投资外汇登记实施间接监管。详见表5-3。

表 5-3　国家外汇局相关规定

分类	规定内容
境外直接投资前期费用登记	（1）境内机构（含境内企业、银行及非银行金融机构，下同）汇出境外的前期费用，累计汇出额原则上不超过300万美元且不超过中方投资总额的15%。 （2）境内机构汇出境外的前期费用，应列入其境外直接投资总额。 （3）银行通过资本项目信息系统为境内机构办理前期费用登记手续后，境内机构凭《业务登记凭证》直接到银行办理后续资金购付汇手续。 申请材料： （1）《境外直接投资外汇登记业务申请表》。 （2）营业资质许可（尚未办理“五证合一”的企业，还需提供组织机构代码证）。 （3）境外投资资金来源证明、资金使用计划和董事会决议（或合伙人决议）、合同或其他真实性证明材料

续 表

分类	规定内容
境外直接投资前期费用登记	注意： 境内机构为其境外分支、代表机构等非独立核算机构购买境外办公用房的，需提交以下材料： 《境外直接投资外汇登记业务申请表》； 境外设立分支、代表机构等非独立核算机构的批准/备案文件或注册证明文件； 境外购买办公用房合同或协议； 其他真实性证明材料
境内机构境外直接投资资金汇出	银行要求的审核材料主要有： （1）《境外直接投资外汇登记业务申请表》。 （2）营业资质许可或注册登记证明及组织机构代码证（多个境内机构共同实施一项境外直接投资的，应提交各境内机构的营业资质许可或注册登记证明及组织机构代码证）。 （3）非金融企业境外投资提供商务主管部门颁发的《企业境外投资证书》，金融机构境外投资提供相关金融主管部门对该项投资的批准文件或无异议函。 （4）境外投资资金来源证明、资金使用计划和董事会决议（或合伙人决议）、合同或其他真实性证明材料。 （5）外国投资者以境外股权并购境内公司导致境内公司或其股东持有境外公司股权的，另需提供加注的外商投资企业批准证书和加注的外商投资企业营业资质许可。 （6）其他真实性证明材料

点评：

企业开展对外投资之前，应针对具体投资项目向各部门确认具体流程及要求。同时，国家对于境外投资行业的政策可能随时发生变化，因此，投资者应当关注我国针对具体行业的境外投资政策，特别是敏感行业或国家战略不支持的行业的政策变动，及时向相关部门咨询、核实。

（二）马尔代夫工程建设行业监管部门及相关法律法规

1. 监管部门

建设和公共基础设施部负责监督工程建设法规的实施，并对包括工程师和建筑设计师在内的工程建设部门专业人员进行注册。住房、土地和城市发展部负责颁发和监督建筑许可证。公用事业监管局取代原由各个机构执行的公用事业监管职能，负责监管工程建设过程中的供水、污水处理、电力和废弃物管理等公用事业服务。

2. 相关法律法规

马尔代夫有各种与建筑物的设计和建造以及土地使用有关的规定。其中以 2019 年 4 月出台的《建筑法》影响最大，该年也可被视为马尔代夫开始建立其工程建设法规的元年。同年，马尔代夫为配套实施《建筑法》而颁布了《建设行政条例》及其第一修订案（2023 年）、《建筑规范》及后续的 2 次修案（分别于 2021 年及 2024 年）、《建造业从业人员条例》及其后续的 6 次修订案、《建筑承包商条例》及其后续的 4 次修订案、《建筑工地健康与安全条例》、《建筑材料和材料检测设施条例》、《建筑业专业技术课程学术条例》、《建造业技术协会条例》、《材料测试条例》、《物料进口及生产管制条例》及其第一修订案、《无规划条例的岛屿和泻湖建设条例》及其后续的 2 次修订案、《建筑许可机构注册规定》及其后续的 2 次修订案。

点评：

因马尔代夫近年才开始出台工程建设领域相关的法律法规，难免存在不完善之处，后续的修订会特别频繁。

在土地使用方面，主要遵循《土地法》；与公共工程采购相关事务主要遵循财政部2017年《公共财政条例》的《公共采购机制》；与公共服务监管相关事务主要遵循2022年《废弃物管理法》及其修订和配套条例、2021年《马尔代夫能源法》及其修订和配套条例、2020年《水和卫生法》及其修订和配套条例等。

此外，本书第四章所述的劳动、税务、环保系列法律法规，如《所得税法》《公司法》《就业法》等，也是在开展工程承包时必须考虑的。

（三）前期论证各子阶段

1. 投资机会研究

（1）投资机会研究方法。

第一步：制定对外投资战略。企业必须明确对外投资应实现的战略目标，需初步确定投资地与投资行业。

第二步：投资环境分析。企业必须去研究目标投资地的政治、经济、法律体系和税制、行业发展情况、劳动力市场与重大风险因素等内容。

第三步：制定市场进入战略。企业需要确定投资的方式例如参股、合资投资等，并且制定市场进入战略与行动计划。

（2）马尔代夫承包工程市场分析。中马友好交往历史悠久，习近平主席2014年对马尔代夫进行历史性国事访问期间，马方积极回应习近平主席提出的建设21世纪海上丝绸之路的倡议，表示欢迎并愿积极参与相关合作。双方就中方援建跨海大桥、承建维拉纳国际机场等重大项目达成重要共识。马尔代夫成为最早加入“一带一路”倡议的国家之一，也是最早从中受益的国家之一。

长期以来，中方一直大力支持马尔代夫加快经济社会建设，提高自主发展能力。近10年来，中马双方本着共商共建共享的原则，积极推动共建“一带一路”合作取得重要成果。

中国企业在马尔代夫的工程承包领域主要涉及住房建设、能源及辅助设施建设、机场设施建设等方面。截至2024年5月，中国企业已在马尔代夫建成超11000多套社会住房，帮助马尔代夫成千上万个家庭改善了居住条件。中国援建的中马友谊大桥是中马共建“一带一路”标志性项目。改扩建后的维拉纳国际机场运力翻倍，将促进马尔代夫旅游业跨越式发展。同时，中国企业还广泛参与了马尔代夫新能源、电网、海水淡化等一系列合作项目。

[**案例**5-1]

马尔代夫维拉纳国际机场改扩建工程是“一带一路”倡议的重要节点工程，是中国-马尔代夫在21世纪海上丝绸之路的标志性项目，受中马政府高度重视。

该工程包括新建可满足A380飞机运行的F类跑道、滑行道、停机坪，以及配套货运楼、油库，并为此进行了填海造地和护岸建设。机场扩建完成后将大幅提高旅客接纳能力，并为当地创造大量就业机会，对马尔代夫社会经济和旅游业发展产生极大的促进作用。

项目启动于2014年，2016年11月正式开工，目前已经成功交付，项目由北京城建投资发展股份有限公司作为EPC总承包实施，由中国航空国际建设投资有限公司机场院承担方案设计、可研编制、施工图各阶段咨询设计工作。

虽然马尔代夫政府积极欢迎外资进入马尔代夫旅游、基础设施、新能源、金融等领域，但是中国企业也应充分认识到，马尔代夫陆地面积极小，人口也少，资源短缺，每年吸引外资不多，外国投资进入马尔代夫工程承包市场的空间有限。据中国商务部统计，2022年中国企业在马尔代夫新签合同额 5.7 亿美元，完成合同额 2.8 亿美元，当年中国对马尔代夫承包工程派出人数仅为 54 人，较 2018 年的最高点 3569 人相距甚远。而 2021 全年，中国企业在马尔代夫新签工程承包合同额仅为 1 亿美元，同比下降 72%。此外，马尔代夫政府财力有限，虽对基础设施具有一定需求，但往往希望外国企业带资实施项目。

2. 可行性研究

确定拟投资项目后，企业需要开展可行性研究。除财务可行性调研外，境外投资前期调研还应包括投资必要性、技术可行性、组织可行性、经济可行性等调研。

（1）可行性研究框架。

①投资必要性。根据市场调查及预测的结果、有关产业政策等因素，论证项目投资建设的必要性。在投资必要性的论证上，一是做好投资环境分析，对构成投资环境的各种要素进行全面的分析论证；二是做好市场研究，包括市场供求预测、竞争力分析、价格分析、市场细分、定位及营销策略论证等。

②技术可行性。应从项目实施角度，合理设计技术方案，并进行比选和评价。各行业不同项目技术可行性的研究内容及深度差别较大。工业项目可行性研究的技术论证应达到能明确列出设备清单的深度；非工业项目可行性研究的技术论证应达到工程方案初步设计的标准，以便与国际惯例接轨。

③组织可行性。制定合理的项目实施进度计划，设计合理的组织架构，选择经验丰富的管理人员，构建良好的协作关系，制订合适的培训计划等，以确保项目顺利执行。

④经济可行性。从资源配置的角度，衡量项目的价值，评价项目在实现区域经济发展、有效配置资源、增加供应、创造就业、改善环

境等方面的效益。

⑤社会可行性。分析项目对当地社会的影响，包括经济发展、就业、法律道德、宗教民族、妇女儿童及社会稳定性等。

⑥风险因素及对策。对项目的市场风险、技术风险、财务风险、组织风险、法律风险、经济及社会风险等进行全面评价，制定能规避风险的对策。在马尔代夫开展投资、贸易、承包工程和劳务合作过程中，需特别注意在事前调查、分析、评估相关风险，事中做好风险防控等工作。境外投资项目可行性评估报告框架可参考表5-4。

表5-4　境外投资项目可行性评估报告框架（参考）

1. 总论	5. 项目经济效益估算
2. 项目实施必要性分析	5.1 投资估算依据
2.1 项目宏观背景	5.2 项目总投资估算
2.1.1 宏观政经概况	5.3 项目收益估算
2.1.2 宏观政经形势判断	5.4 财务评价
2.2 项目必要性	6. 项目组织机构与运作模式
2.3 项目必要性结论	7. 项目实施进度方案
3. 项目实施可行性分析	8. 风险与规避措施
3.1 宏观政治经济条件对项目形成有力支撑	8.1 风险因素识别
3.2 地区产业经济环境有利于项目实施开展	8.2 风险影响程度评价
3.3 项目拟选址已初步具备项目实施条件	8.3 风险规避措施
3.4 结论	9. 结论与建议
4. 项目实施方案	9.1 可行性研究结论
4.1 建设规模与内容	9.2 项目实施关键建议
4.2 产品方案与产值预测	9.3 专家意见
4.3 项目技术方案	—

（2）可行性研究应考虑的事项。

①建筑成本高。马尔代夫资源短缺，建筑材料基本完全依靠进口，综合成本较高。此外，马尔代夫各岛屿之间的交通主要依靠水上运输，运输成本较高，水电供应能力也十分有限。中国企业在马尔代夫开展承包工程业务，一定要对当地建筑成本进行准确的测算，防范风险。

②环保要求高。马尔代夫以旅游业为主要产业，工程施工对环境的影响被尤为重视。所有规模型工程项目都需要提交环境影响评价报告，并获得环评批准。

③地质情况复杂。马尔代夫是由珊瑚礁形成的环礁岛屿国家，地理和气候条件异常，对各种工程建筑的技术要求都较高。中国企业进行工程施工项目时，要对当地的地质地形地貌、水文状况、场内场外的交通特点等进行科学考察，并提前规划有效措施应对复杂的地质变化。

④EPC 模式责任大。中资企业在马尔代夫承包项目多为 EPC 模式。工程总承包单位管理责任大、风险高，需统筹协调设计、采购、施工及外部的多方关系。

综上，中资企业前往马尔代夫承担工程项目，要充分考量以上因素，科学评估，并采取有效措施应对。

［**案例** 5-2］

北京城建集团承建的马尔代夫维拉纳国际机场改扩建项目中，由于当地物资十分匮乏，几乎所有的建筑材料、设备均需从海外采购。很多设备需要提前 6~9 个月进行预订，采购、运输周期长。对投资成本和实施进度造成极大影响。

二、第二阶段：建设准备

（一）工程项目招投标

1. 招投标规定

外国承包商在马尔代夫承揽工程分为国际招标工程和本地招标工程。国际金融机构和外国政府援建的项目根据资助机构的规定进行发包，一般需满足国际咨询工程师联合会（FIDIC）合同条件规定，常采用公开招标，但有时也有议标。本地招标工程有时会有资格限制，需与当地企业组成联合投标体或需在马尔代夫国家注册的企业，才能参与投标。关于在马尔代夫注册企业，应满足《外国投资法》规定。

马尔代夫一般不限制外国自然人在当地承揽工程，但是根据各项目的规模，资金情况和业主要求，对承包商的要求是不一样的，特殊要求会在招标文件中说明（包括企业性质、是否需要当地注册、资质要求等）。

马尔代夫财政部主要负责执行政府采购项目。2017 年施行的《公共财政条例》对政府采购有详细规定。

2. 招标信息获取

获取马尔代夫招投标信息的途径通常包括以下几个方面：

（1）政府官方网站。马尔代夫各政府部门的网站通常会发布招标公告。这些网站可能是马尔代夫财政部，建设和公共基础设施部，住房、土地和城市发展部，交通运输和民航部或其他相关部门的官方网站。如财政部会在其网站上公布每年的采购计划，并单独设定一个招标专栏。

（2）国际招标平台。一些国际性的招投标信息平台也会发布马尔代夫的招标信息，如联合国采购网、世界银行的采购机会列表等，这些平台通常会涵盖全球各地的政府采购和项目招标信息。

（3）行业专业杂志和新闻通讯。可从马尔代夫报纸等媒体或业主单位获得工程招标信息。

3. **招投标程序**

马尔代夫开展工程招投标一般遵循国际规范，通常会有资格预审、开展招标、发布中标通知和授予合同等基本程序。基本步骤如下：

（1）有意向的投标人获取招标信息，根据业主单位的招标要求参加资格预审。

（2）投标人通过资格预审后购买标书、编制标书并在规定的截止日期参加投标。

（3）外国公司中标后，应该在马尔代夫政府相关部门办理人员、设备进口的相关许可手续。其中外国建筑商实施项目前，须在马尔代夫经济发展和贸易部注册，具体程序和要求可在马尔代夫经济发展和贸易部网站查询。

（二）工程合同

1. **工程合同的作用与意义**

合同是交易参与方之间权利、义务和责任及风险分配载体，是当事人之间的“法律”，境外商事主体都十分重视交易文件，特别是合同文件的起草和谈判工作，做到交易文件的严谨、规范，保护己方利益。相对来说，我国企业对于交易文件的设计和管理较为粗放，对合理利益的争取力度不够，所面临的合同风险更大。

在签订合同的时候，如招标文件中没有相关约定，我国企业特别需要慎重考虑所签合同模板的选择。一般在国外签订工程合同，合同示范文本一般来自三个方面：第一，国际上的通用合同示范文本，如FIDIC公布的合同；第二，我国的工程合同示范文本；第三，所在国，包括业主方的工程合同示范文本。

点评：

中资企业赴马尔代夫承包工程必须全面了解相关的法律法规，并严格遵守。在实际操作过程中重视合同签订，明确双方的权利和义务，工程建设的工作范围及标准、质量、工期、合同形式、货币、支付方式及付款条件、保函要求、误期罚款、性能指标罚款、税收、保险、设备材料的交货方式、劳务国籍限制、产品标准认证等重要条款，严格按合同条款办事。如对方违反合同条款，应利用相关法律法规维护自身合法利益。

在进行国际合同评审时，须组建专业的合同评审小组，仔细审核合同所有的相关条款及所有附件，避免遗漏任何潜在的风险。尤其是大多数国际合同签订所使用的语言为业主所在国家的语言，尽可能地用原合同版本语言进行逐条解析和评审，确认无误后再进行合同的翻译。在聘请专业翻译公司或者专业翻译人员进行翻译时，必须配备懂专业的技术、法律等相关人员进行配合，不仅要避免在翻译过程中由于懂语言不懂技术产生较大的歧义，也要避免由于不同语种语言对于专业词语定义范围的不同产生纠纷。

针对合同金额较大的国际EPC项目，各经营单位应合理评估自身管理水平，必要时可外聘具备充足海外经验的国内律所或项目所在国的当地律所，协助参与合同文本的评审，以提高评审效果。

中国对外承包工程商会为规范国际承包工程项目中国企业间分包合同，合理分配风险，维护当事人的合法权益，于2019年制定了《国际工程分包合同示范文本（2019年第1版）》，供中国总承包工程企业与中国分包工程施工企业、设计咨询公司、安装工程企业、设备和材料供货商在国际承包工程项目中使用。具体包括《施工分包合同条件（适用于单价分包合同）》《施工分包合同条件（适用于总价分包合同）》《安装分包合同条件》《设计分包合同条件》《采购合同条件》。

2. 马尔代夫承包工程合同

当我国企业到马尔代夫进行工程合作时，通常会采用国际通用的工程合同范本，并进行必要的本地化修改以适应马尔代夫的法律和环境。具体采用的合同范本可能因项目类型、合作方要求以及当地法律规定等因素而有所不同。

国际工程承包领域，常见的合同范本有以下几种：

（1）FIDIC合同条件：FIDIC的合同条件是国际工程中最广泛使用的标准合同模板，其中，1999年第1版、2017年第2版《施工合同条件》，又称“新红皮书”，适用于各类大型或较复杂的工程项目，尤其适用于传统的DBB模式，即“设计-招标-建造”模式，承包商按照业主提供的设计进行施工，采用工程量清单计价，业主委托工程师管理合同，由工程师监管施工并签证支付。1999年第1版、2017年第2版《设计采购施工（EPC）/交钥匙工程合同条件》，又称“银皮书”，适用于由承包商承担设计、采购和施工的总承包，完成一个配备完善的业主只需“转动钥匙”即可运行的工程项目，采用总价合同计价方式。

值得一提的是，FIDIC 合同允许使用者对标准合同进行个性化的修改以适应特殊需求，而所有的修改都必须通过“专用条件”来实现。在专用条件中合同方可以补充填写某些模板条款，比如加入项目特定的细节、适用的法律、项目开始的时间等，也可以通过专用条件对“通用条件”中的一些条款进行修改（对通用条款进行修改需要事先获得 FIDIC 的许可）。通用条款和专用条款共同构成建设工程合同，共同规定了合同各方需要遵守的权利和义务。

点评：

在马尔代夫承包工程项目时，通常会采用 EPC 工程总承包合作模式，因此多以“银皮书”为合同条件。

（2）NEC 合同条件：源自英国的 NEC 合同，以其灵活性和简洁性著称，适用于各种规模和类型的工程。

（3）JCT 合同条件：联合合同委员会（JCT）在英国提供的建筑标准合同，包括建造合同、设计-建造合同及其附属合同和分包合同。目前的最新版本为 2024 年版。

（4）AIA 合同条件：美国建筑师协会（AIA）发布的合同条件，主要用于美国境内的工程项目，但在某些情况下也可能被国际项目采纳。

马尔代夫以 FIDIC 合同条件为主，但不排除业主要求使用其他合同范本。2021 年 10 月，马尔代夫全国建筑业协会与 FIDIC 签署重大培训合作协议。2024 年 5 月，马尔代夫建设和公共基础设施部的主要人员开展了一场为期 2 天的以 FIDIC 合同和争议为重点的研讨交流会。

在签订马尔代夫的工程合同时，有几个事项需要注意：

（1）了解当地法律。在签订合同之前，务必了解马尔代夫的相关法律法规，特别是与工程建设、合同执行和劳动争议等相关的规定。

（2）明确合同条款。合同应明确双方的权利和义务、工程范围、工期、质量标准、付款方式、违约责任等重要条款。同时，对于可能发生的变更、索赔和争议解决机制也应进行详细规定。

（3）风险分配。合理分配合同执行过程中可能出现的风险，确保双方的责任和权益得到平衡。对于不可抗力、政策变化等风险因素，应在合同中明确相应的处理方式和责任承担。

（4）语言和文化差异。考虑到马尔代夫的语言和文化与我国的差异性，建议在合同中明确沟通语言和方式，以避免因误解或沟通不畅导致的纠纷。

（5）合同履行监督。确保合同履行的监督机制健全，包括工程进度报告、质量检查、验收流程等，以保障工程按照合同要求顺利进行。

（6）争议解决机制。在合同中明确争议解决的方式和程序，例如选择仲裁或诉讼，并指定适用的法律和仲裁机构。

（7）保护知识产权。如果工程中涉及知识产权问题，应在合同中明确相关条款，保护双方的知识产权权益。

（8）适应本地环境。根据马尔代夫的具体环境和条件，对合同进行本地化调整，以确保其在实际操作中的可行性和有效性。

［案例 5-3］

马尔代夫住房项目二期工程在投标及签订合同之前，中标方中机国际工程设计研究院有限责任公司多次安排人员到马尔代夫进行实地考察，对马尔代夫的国家法律有较充分了解，避免项目在实施过程中出现被动的局面。

点评：

合同风险是工程项目中最大的风险源之一。

针对合同条款的风险，中方的合同管理人员要提高自身业务水平，事前多了解EPC总承包合同的各项条款内容，对于有疑问的条款要多向业主方求实，保障我方利益。对于一些霸王条款要格外注意，保留对我方有利的证据，以此作为谈判的筹码。

针对合同实施的风险，中资企业可以聘请合同管理专家来现场指导，将合同管理工作形成完整的体系，责任到人。在项目开工前，对合同进行分析并交底。以确保实施人员了解工作要点，实施风险等关键事项。

（三）承包工程资质及工程许可

1. 中国对外承包工程资质

现在我国对外承包工程的相关国家规定是《对外承包工程管理条例》（2017 年修订版）。修订版中将原来《对外承包工程管理条例》第二章“对外承包工程资格”全部删除。这意味着民营建筑企业与央企一样，不再受对外承包工程资质的限制。

根据《对外承包工程管理条例》（2017 年修订版）第十六条规定，对外承包工程的单位与境外工程项目发包人订立合同后，应当及时向中国驻该工程项目所在国使馆（领馆）报告。

根据对外承包工程项目备案管理规定，在境外工程项目投（议）标前，中企需要向国内商务主管部门办理项目备案手续（“商务部业务系统统一平台”在线办理）；在订立合同后，及时向中国驻马尔代夫大使馆经商处报告。报告须书面提交项目具体信息，包括但不限于项目名称、金额、资金来源、业主、地点、签约日期、开工日期、工期、项目内容、中外员工数量等，并附《对外承包工程项目备案表》，对于未按规定进行报告的，记入负面清单。

2. **马尔代夫承包工程资质**

（1）承包工程资质等级。对于希望在马尔代夫开展工程承包业务的公司，马尔代夫政府制定了一套严格的规范和要求。首要步骤是向马尔代夫当地政府部门申请并获得相应的资质证书。这些证书通常会根据其覆盖的专业领域和等级，明确承包商能够承接的工程项目类型和规模。

具体来说，注册登记的承包商必须依据其获得的资质类别和等级来承揽工程。资质类别和等级的认定标准可能包括公司的经验、技术能力、过往业绩、财务状况以及管理水平等多个方面，以确保所有承包商具备足够的专业能力和资源，以保证工程项目的质量和安全。

根据建设和公共基础设施部资料，马尔代夫的承包商资质类别见表5-5。

表5-5　马尔代夫工程承包商资质类别

承包资质类别	类别代码
总承包商	
建筑工程总承包商	GC01
土木工程总承包商	GC02
港口工程承包商	
港口建设工程	HC01
疏浚工程	HC02
填海工程	HC03

续 表

承包资质类别	类别代码
公用设施工程承包商	
污水排放系统工程	UC01
配电系统工程	UC02
供水系统工程	UC03
燃气系统工程	UC04
专业建筑工程承包商	
砌筑及抹灰工程	OB01
翻耕工作	OB02
玻璃、窗户和覆盖层工程	OB03
涂绘工作	OB04
钢铁及焊接工程	OB05
木工和室内装修	OB06
挖掘及拆除工程	OB07
混凝土修复和防腐工程	OB08
专业机电工程承包商	
空调/通风工程	ME01
楼宇自动化控制、通信及保安系统工程	ME02
电气和配电工程	ME03
消防工程	ME04
垂直和水平运输系统工程	ME05
电话和电信工程	ME06
机械作业工程	ME07
管道和卫生工程	ME08

续 表

承包资质类别	类别代码
建筑材料供应商	
基础建筑材料	SY01
化学品	SY02
电子设备	SY03
电气电子材料、产品和部件	SY04
精加工和建筑产品	SY05
天然气和石油产品	SY06
机械设备及机器	SY07
机械材料产品及部件	SY08
结构用金属和木材	SY09
卫生用品	SY10
其他类型的建筑相关承包商	
建筑维修	OT01
标志和工艺品	OT02
除害虫	OT03
建筑材料制造商	
建筑材料制造商	CM01

资料来源：马尔代夫建设和公共基础设施部。

点评：

在马尔代夫建设和公共基础设施部的网站上可查询已经在马尔代夫注册登记的承包商详细信息，包括公司名称、所在地、联系方式及注册的资质等级等。如，我国的东方电气国际有限公司、中国水电建设集团有限公司等，取得了马尔代夫的 GC01、GC02 的总承包商资质认证。

除了可查询登记注册的承包商信息外，建设和公共基础设施部的网站还可查询危险建筑登记、建筑设计师登记、结构检查合格人员登记、建筑许可机构登记等信息。

（2）承包工程资质等级申请。根据马尔代夫《商业注册法》的规定，申请人需满足以下条件：一是应为马尔代夫经济发展和贸易部注册的商业实体；二是申请人的注册实体目标应与“建筑”或建筑相关工作相关。申请人可通过马尔代夫的综合行政服务窗口，选择“Contractor Registration”进行注册申请，其受理部门为建设和公共基础设施部。

企业在申请前需要确认拟申请的资质类别和等级，不同资质类别和等级所需申请条件不同。one. gov. mv 网站在申请页面里提供了各种类别详细的条件要求，通常包括历史营收（10 年期内）和企业的专业资质人员配备情况等。

1）申请资料。

①基本信息：提交经济发展和贸易部发布的企业概况信息表，如果没有，则提供公司章程。

②财务信息：需提交 3 年的财务报告，包括上一年的财务报告和过去 10 年内任何两年的财务报告。如果当年收入为 1000 万卢菲亚或以上的，则向马尔代夫税务局提交经审计财务报告副本。如果年度收入低于 1000 万卢菲亚的，则向马尔代夫税务局财务报表副本。

（注：由外国企业（未在马尔代夫税务局注册）提交的财务报告应由注册律师事务所或注册律师的认证，证明文件为真实翻译，且该方已在相关原籍国获得授权。如果公司在经济发展和贸易部注册的时间不足 3 年，则应提交注册年份到现今为止的报告。）

③项目履历：一是过去 10 年中已完成或正在进行的项目，项目总价值应符合所要求的级别或类别业绩所要求的金额。二是项目完成证

明或说明已完成部分工作的证明，证明应包含的信息为已完成工作的价值、工作范围、完工日期（如部分工程已完工，则应注明该部分工程的完工日期）。

④专业技术人员配备证明文件（如需）：经认可的学历证书副本、劳动合同（仅适用于本地人）、工作许可签证（仅适用于外国人）。

⑤装置/机械/设备证明文件（如需）：装置/机械/设备注册期间的租赁协议、装置/机械/设备登记文件、如果没有为单独项目准备的特定工厂、机械或设备，那么需要有一份文件来证明工厂、机械或设备的进口情况（此要求仅适用于外国人）。

2）申请费用。

申请不同的类别有不同的费用（见表 5-6）。

表 5-6　马尔代夫工程承包商资质申请费用

类别		申请费用	
类别代码	类别名称	外国企业/美元	本地企业/卢菲亚
GC01，GC02	建筑和土木总承包	1000	1000
HC	港口工程	1000	1000
UC	公用设施工程	1000	1000
OB	专业建筑工程	100	100
ME	专业机电工程	100	100
SY	建筑材料供应	100	100
CM	建筑材料制造	100	100

资料来源：马尔代夫建设和公共基础设施部。

3）预计时间范围。

所有正式完成的申请将在 10 个工作日内处理完毕。

4）其他说明。

①自注册证书颁发之日起，有效期为2年。

②若在注册证书签发后的3个月内进行资质升级，有效期将保持不变。

③若在注册证书签发后的3个月之后才资质升级，注册有效期将得到延长。

④所有提交的文件必须采用迪维希语或英语编写。若提交的是非这两种语言的翻译文件，则必须提供由官方授权认证人出具的正式认证文件，以确保其准确性和合法性。

3. 马尔代夫承包工程许可要求

外国公司中标后，应该在马尔代夫政府相关部门办理人员、设备进口的相关许可手续。相关的许可证包括外商承包许可、建筑项目许可证及一些水电、道路、环境评价许可。其中，大多相关的许可可以在one. gov. mv网站办理。

根据世界银行《2020年马尔代夫营商环境报告》，结合近年马尔代夫的工程管理改革情况，以在马累开展某中小型建筑项目工程需要办理的工程为例，需办理的许可及说明如下。

（1）请求并获得许可封锁道路/进行现场工作。

机构：Fuvahmulah市议会。

说明：如需封路，须向Fuvahmulah市议会申请封路许可。如果不需要完全封路，但现场施工会干扰或影响行人或道路交通，则需申请现场施工许可。对于这两种许可，Fuvahmulah市议会将提供相关的指示牌，并要求将其展示在工作现场。

时间：5天。

费用：6小时内250卢菲亚，其后每增加1小时，额外支付

150 卢菲亚。

（2）根据道路宽度向 Fuvahmulah 市议会申请审批（如需挖掘）。

机构：Fuvahmulah 市议会。

说明：官员将检查挖掘工作是否在规定的范围内进行。

时间：3 天。

（3）获得建筑和结构审核人员的图纸审批。

机构：具有相应资质的人员。

说明：根据 2014 年 6 月 11 日的《马累规划条例》，建筑和结构图纸及计划必须获得有执照的建筑和结构审核人员的审批并加盖印章。

时间：1 天。

费用：1301 美元。

（4）获得建筑规划许可。

机构：住房、土地和城市发展部，建设与公共基础设施部。

说明：在申请建筑规划许可时，申请人需将相关建筑和结构图纸提交至住房、土地和城市发展部进行审批。对于设计层数达到或超过两层的建筑项目，该部门还会进一步将图纸转交至建设与公共基础设施部，以确保所有安全规范与城市建设标准得到严格审核。

值得注意的是，每项申请需按建筑面积缴纳费用，费率为每平方米 2 卢菲亚。然而，申请人可能会遇到的一个挑战是官方工程师资源的极度有限性，目前整个城市仅有两名工程师负责处理此类申请，这可能导致审批流程相对缓慢，对急需推进项目的公司构成一定障碍。因此，提前准备充分、确保图纸准确无误，并考虑选择非高峰时段提交申请，或许能在一定程度上缓解这一难题。

时间：62 天。

费用：3902 卢菲亚。

（5）获得工程项目许可证。

机构：建设和公共基础设施部。

说明：针对 150 万卢菲拉及以上规模的项目，或是涉及结构工程的重大项目，必须通过官方平台（one. gov. mv）向建设和公共基础设施部正式提交申请，以获取工程项目许可证。此许可证的核发依据是《建筑承包商条例》（第 2019/R-1019 号），它是项目启动前不可或缺的法定要求，同时也确保了项目能够获得针对其特定需求的配额分配。此举旨在保障项目的合法性、安全性及符合城市发展规划的要求。

所需文件：

公共项目——

· 项目协议、合同或授标函（注明工作范围、地点、开始日期、项目持续时间、项目价值）。

· 项目的施工时间表。

· 项目的工程量清单。

· 项目协议、合同或授标函由开发商或雇主与承包商签订时，财产所有人与其他方（开发商）之间的书面和解文件。

· 建筑许可机构颁发的场地移交/概念批准/无同意书文件。

· 根据《建筑行政法规》（第 2019/R-1004 号）第 46 条，结构工程停工超过 6 个月时，需由注册工程师准备的结构评估报告，详细说明当前结构的状态以及停工原因。

私人项目——

· 项目协议、合同或授标函（注明工作范围、地点、开始日期、项目持续时间、项目价值）。

· 项目的施工时间表。

· 项目的工程量清单。

· 建筑许可机构颁发的施工许可证。

· 场地所有人/所有人的有效国民身份证副本。

· 委托书（如果场地或项目所有人/所有人指派另一人代表其行事）。

· 项目协议、合同或授标函由开发商或雇主与承包商签订时，财产所有人与其他方（开发商）之间的书面和解文件。

· 根据《建筑行政法规》（第2019/R-1004号）第46条，结构工程停工超过6个月时，需由注册工程师准备的结构评估报告，详细说明当前结构的状态以及停工原因。

度假村项目——

· 项目协议、合同或授标函（注明工作范围、地点、开始日期、项目持续时间、项目价值）。

· 项目的施工时间表。

· 项目的工程量清单。

· 旅游部颁发的租赁协议。

· 项目协议、合同或授标函由开发商或雇主与承包商签订时，财产所有人与其他方（开发商）之间的书面和解文件。

时间：5天。

（6）接受主管部门的布局检查。

机构：住房、土地和城市发展部，建设与公共基础设施部。

说明：主管部门会检查地块上的任何施工情况、相邻房屋的高度以及道路宽度，以确保它们与图纸上的测量数据一致。

时间：1 天。

（7）接受主管部门的基础检查。

机构：住房、土地和城市发展部，建设与公共基础设施部。

说明：在项目实施初期，主管部门将严格审查地基建设情况，主要目的是确认地基施工未侵犯到任何相邻财产权益，确保项目在合法合规的边界内进行。一旦地基建设通过检查并获得批准，施工将正式进入下一阶段。

值得注意的是，在后续的施工过程中，虽然主管部门不会进行常规的现场检查，但这并不意味着项目可以脱离监管。实际上，企业需通过一系列严格的内部管理机制来确保施工质量与安全。这些内部流程包括但不限于：由具备相应资质的专业人员对施工过程进行全程监督与管理；遵循既定的施工规范与安全标准；定期进行自我检查与评估，以及时发现和纠正潜在问题。

时间：1 天。

（8）申请并获取给排水连接。

机构：马累水务公司。

说明：业主方根据必须根据公用设施计划，提交将建筑物连接到主要饮用水和污水系统的申请。其后马累水务公司会对现场进行勘察，勘察后进行水管连接。

需提供的文件：身份证、申请表格（一份用于给水，一份用于污水）、建筑物的管道图纸

时间：34 天。

费用：3000 卢菲亚。

(9) 从马尔代夫住房、土地和城市发展部获得占用许可证。

机构：马尔代夫住房、土地和城市发展部。

说明：建筑工作完成后，必须申请占用许可证。

时间：30 天。

(四) 工程规范和设计标准

马尔代夫在工程技术标准和规范方面，受到多个国际标准和本地规范的影响。由于马尔代夫对外开放时间较短，且作为英联邦国家，其采用的工程技术标准主要为英国标准，业主工程师和监理工程师普遍都有英联邦国家留学经历，对中国标准了解不多，这导致中方在合同签订阶段很难争取到采用中国标准。

在材料标准方面，马尔代夫市场主要受既有市场因素影响。例如，电气材料主要为英国标准，给排水管材管件则主要为泰国标准。其他装饰性材料则存在多种标准产品并存的情况。若当地市场无同类产品，且不能保证可替换性，业主往往难以接受其他标准的设备材料。

尽管中国海外投资及建设规模快速增长，但在标准输出方面的表现并不尽如人意。截至 2019 年年底，中国主导制定的国际标准在 ISO 和 IEC 国际标准总量中占比不到 2%[1]。

然而，在“一带一路”倡议下，中国企业在海外项目中开始更多地应用中国标准。特别是在马尔代夫的一些项目中，中国标准在工程设计、土建施工等方面得到了应用，并创造了一些首创性的示范应用，如马尔代夫 7000 套社会住房项目中，中国企业首创了 CFG+后注浆技

---

[1] 刘智洋，刘耘竹．中国标准外文版质量提升的关键要素分析与对策［J］．标准科学，2020（12）：105-109，114.

术复合地基基础的应用等。这些项目的成功实施打破了英美标准和欧标在当地工程建筑市场的技术垄断局面，形成了中国建设的区域化、属地化技术优势，为该地区后续新建项目的地基处理设计、施工提供了工程标准技术应用范本。然而，即便合同中明确了采用中国标准，但在实际执行过程中也会遭遇诸多挑战。

[案例 5-4]

马尔代夫胡鲁马累岛 1000 套住房项目（一期）和马尔代夫 1500 套住房项目（二期）项目中，合同规定："本合同应接受马尔代夫共和国的法律管辖和解释。""设计、承包商文件、施工和竣工工程应符合中国规范和标准。""雇主将按照等效的马尔代夫国家标准检查和核实承包商提交的基本设计，如果没有永久工程或工程任何部分的安全和耐久性方面的严重不符合，应获得批准。否则，承包商将被要求修改，以符合马尔代夫有关的国家标准。"合同同时约定，由于当地特殊条件和习惯而产生的所有与上述标准矛盾之处，按双方认可的方案执行。

该项目所选用的主要建筑材料和设备根据承包商的决定从中国或其他国家进口。由于当地特殊条件和习惯而产生的一些与上述标准矛盾之处，按双方认可的方案执行。合同规定，承包商应在详细设计阶段向雇主提交项目设施和修饰工程的详细说明和材料样品。当地对设备材料无认证要求，只要当地市场所售同类产品可替换以及产品功能性达到要求即可。合同约定按照中国规范进行验收，并满足当地使用方对使用功能的要求。项目移交业主后，承包单位要提供两年免费维保服务。

欧美结构规范中部分安全度要求高于中国，大部分的最低构造要求也高于中国。在使用中国标准的过程中，该项目主要遇到楼板厚度问题。欧美规范要求的楼板最小厚度均高于中国。依据中国标准，该项目的楼板设计厚度确定为110毫米，而当地采用的英国标准为130毫米。中方通过与业主召开技术协调会，对结构计算进行复核，对中国标准的相关内容进行解释，列举中国采用同类标准的各类建筑设计方案并实地考察，让业主了解中国标准有着广泛的实践经验，能够确保结构的可靠性。最终，业主同意并批准了原设计方案。

在一期项目执行过程中，当地电力部门提出了防雷设计不符合当地规范要求的问题，主要体现在以下两个方面：第一，金属屋面是否能作为防雷接闪器；第二，等电位与防雷接地是否能共用接地装置。在征求中国专家和设计人员意见后，中方坚持沿用原设计方案，并尽一切努力与当地电力主管部门沟通解决。中方认为该项目防雷设计依据为中国国家标准《建筑物防雷设计规范》GB 50057—2010，该标准是参照国际电工委员会（IEC）标准制定的，其相关规定也符合IEC标准的要求。而马尔代夫所采用的标准规范是依据新加坡《电气安装操作规范》（CP5）编制的，其优先性不应高于IEC标准。项目团队认真研究并收集了IEC标准中有关的内容，结合原设计方案所涉及的中国标准，对上述问题分别予以说明，经过多次沟通和论证，当地电力主管部门批准了原设计方案。由于中国结构设计规范在满足结构安全的前提下相对更注重对经济性的把控，无疑更加有利于整个项目的成本控制。

以上述问题为例，对承包商而言，采用中国标准在满足结构功能性要求的前提下，直接节省了项目的施工成本。项目合同中对认证标准没有明确要求。从国产材料报验审批情况来看，业主对符合中国认证标准的产品是接受的，但主要还是从样品质量方面来决定。马尔代夫方面对于中国相关品牌和行业规范还是比较认可的。在同等条件下，境外工程业主监理和工程师偏向认可欧美标准，一般会把中国标准的结果用欧美标准重新验证，符合欧美标准方才通过。若中国标准有特殊规定，能够出示英文版标准，业主也能接受。从马尔代夫、赤道几内亚、斯里兰卡等国家的项目来看，外方对中国标准基本上是认可的。经过一期与二期两个大型住宅项目的合作，马尔代夫对于中国在建筑设计方面的水平也是高度认可的。

在具体项目执行过程中，尽管合同要求按照中国规范设计和施工，但项目团队也应充分考虑当地的特点和习惯做法。例如，在某中企承建的某住房项目中，建筑户型设计上结合了当地人的生活习惯和气候特点；在屋顶设计上则采用了当地广泛认可的彩钢板坡屋顶结构形式；在配电、照明要求上也严格遵循了当地的供电条例规定；同时对于电线颜色的要求也按照当地的规定执行。这些做法都体现了中国企业在海外项目中对于当地法律法规和习惯的尊重与适应。

与此同时，马尔代夫越来越重视本地标准的规范。近年，相关部门也制定了一系列的标准来指导实施，如于 2023 年 10 月马尔代夫气候变化、环境和能源部下属的公用事业监管局出台《电气安装标准》，该标准涵盖广泛的电气装置，包括 LV（低压）、MV（中压）和 HV（高压）系统。范围包括室外和公共区域、私人区域、发电站的安装标准，以及检查和验证过程，并由市建局进行标准执行的监管。又如马尔代夫水务局发布《高层建筑供水指南》。这些标准散落在各个部门，需要在各自网站上寻找。

（五）工程造价

马尔代夫的工程计价模式参考英国常用的工程量清单计价方式，其核心思路是“量价分离”，其中工程量计算的依据主要包括项目划分及编码、统一的工程量计算规则、工程量清单；与量相对的价格来源主要包括官方发布的工程造价信息、有关专业学会/协会、大专院校和研究部门发布的造价资料、工料测量师行的历史资料等。

在马尔代夫进行工程项目的造价管理与合规，涉及多个方面，包括但不限于以下几点：

（1）合同条款：确保工程合同中的造价条款清晰，包括工程总价、支付条件、变更订单的定价方法、额外费用的处理以及价格调整机制。

（2）工程量清单：使用详细的工程量清单，确保所有工作项、材料和人工成本都被准确计算，避免遗漏或重复计价。

（3）成本控制：实施有效的成本控制系统，监控实际成本与预算之间的差异，定期报告成本状态，以便及时采取纠正措施。

（4）风险管理：识别潜在的成本风险，如材料价格上涨、汇率变动、不可预见的地质条件等，并在合同中制定相应的应对策略。

（5）合规审计：定期进行内部和外部审计，确保所有财务记录和交易符合当地法律法规，包括税务规定、劳工法和外汇管理。

（6）税务规划：理解并遵守马尔代夫的税收制度，包括增值税、所得税和其他可能适用的税费，合理规划以减少税务负担。

（7）外汇管理：如果工程涉及外汇交易，需要遵守马尔代夫的外汇管制规定，确保资金的合法流动。

（8）HSE 费用：在工程造价中纳入环境保护和生态修复的费用，

这可能包括废弃物处理、生态补偿和恢复自然景观的成本，也应包括健康和安全管理的成本，确保工程活动符合马尔代夫的安全规定，预防事故和伤害。

（9）法律和监管遵从性：遵守马尔代夫的法律和规章制度，包括获得必要的许可证和批准，确保工程活动合法进行。

（10）透明度和报告：保持所有财务记录的透明度，确保所有利益相关者能够获得关于工程造价和成本管理的准确信息。

（11）当地市场调研：对马尔代夫的市场条件进行调研，了解当地的劳动力成本、材料价格和供应链情况，以便作出更精确的造价估算。

（12）质量标准：遵守马尔代夫的工程质量标准，确保工程造价中包含达到这些标准所需的费用。

（13）社会责任：考虑项目对当地社区的影响，可能需要在工程造价中计入社会责任项目或社区发展的费用。

（六）工程项目设计与项目计划

工程设计成果直接决定着项目约80%的成本，而且设计又位于项目执行的最前沿，其重要意义不言而喻。伴随着我国企业逐步走向海外，企业自身设计管理存在的问题日益凸显，设计图审批往往会遇到技术标准不统一、设计理念不一致、计算参数选择理解不一样等诸多问题，必然会导致设计进度大大延误。设计管理在整个工程建设环节中起着至关重要的作用。在马尔代夫承包工程，在开展设计时需要注意以下方面。

（1）事前了解马尔代夫的相关设计规定和标准，明确设计规范，在合同谈判阶段尽可能争取中方熟悉的设计标准。拟采用的设计标准和规范，应在合同文件中明确规定，并且要就标准的版本、技术清单与业主方进行沟通确认。如果合同文件中没有相应的标准、规范清单则应在设计正式启动前，由项目公司/项目部组织编制一份设计采用的标准、规范清单，并送业主确认后发布执行。

[案例 5-5]

马尔代夫7000套社会住房项目中，项目团队充分利用中国建筑作为F+EPC总承包单位的主体优势，联动市场营销、商务、设计及建造团队前期介入，在合同签订阶段与业主开展了多轮技术谈判，论证了中国标准在马尔代夫属地化实施应用的可行性，最终在合同签订阶段成功将中国标准的“准入”列入了合同内容。

[案例 5-6]

由北京城建集团作为EPC总承包的马尔代夫维拉纳国际机场改扩建项目中，设计过程中遵循的标准有：ICAO《国际民航组织公约附件14—机场》、《国际民航组织机场设计手册》、《国际民航组织机场规划手册》；国际民航组织的其他附件及有关标准、规范、规定，以及中国相关建设规范。虽然工程的主体设计采用中国标准减少了设计工作的部分风险，但是在能源消耗与节能和环境保护上需按照马尔代夫的标准进行施工图设计。其特殊要求包括建筑设计中的货运站和油库设计；给排水设计；空调、通风设计；电气设计和地震设计。这些都是需要设计人员着重考虑的因素，如没有遵守相关规则，违约责任均由承包方承担，且会因为停工整顿等引起工期延误，造成更大的损失。

（2）业主方明确的要求和翔实的现场资料是开展设计的基础。开展设计前，务必做好设计前的调查，确保相关资料的准确、完整，并注意对业主所提供的资料进行审核，并确认现场条件勘探的时效，避免后期索赔。

项目前期考察是设计的重要条件，考察时间往往很短，需要完成的资料收集内容很多，当地气候资料、产品使用习惯以及当地价格、当地执行的标准等都对后期的设计起到至关重要的作用。马尔代夫是一个岛国，有很多当地的特殊条件和做法，在与业主人员交流过程中，中方企业要随时向他们介绍中国的设计和施工验收规范，针对一些具体问题及时向他们提供中方的解决方案，通过看资料、看实物等多渠道加强沟通交流，取得他们的理解和支持。

[**案例** 5-7]

马尔代夫维拉纳国际机场改扩建项目中，确保设计正确的一个关键因素是水文研究情况，业主提供的水文研究情况是马尔代夫 5 年前的项目所检测到的，其中包括现场水文观测、岸滩演变分析、波浪数模计算、潮流数模计算和岸滩对比等。为此，总承包方北京城建集团重新委托了专业公司对待填海区域进行测量，以详细了解待填海区域海深及地形分布，为该工程的设计和施工提供可靠的地形资料。同时，也委托其他设计单位对待填海区域岩土地质勘察，以查明勘区范围内的工程地质条件以及岩土分布及物理力学性质，提供设计所需的岩土参数，对勘区岩土工程问题作出评价。

(3) 调查马尔代夫当地的物资供应条件。在满足规范及使用要求的情况下，尽可能使用当地能便利采购的材料和施工机械。

[**案例** 5-8]

在马尔代夫胡鲁马累岛住房项目的执行过程中，中方企业遵循中国标准进行设计，并兼顾了当地的使用习惯。对于产品的采购，主要依据当地条件进行，仅在当地无法获取时，才会选择采购国外产品，例如给排水管材、塑料阀门、塑料龙头、塑料水嘴以及加压设备等。同时，鉴于当地材料和施工机械设备的极度匮乏，以及当地劳动力的施工习惯，中方企业在确保工程施工质量和安全的前提下，大力培训当地工人，使他们能够熟练使用从中国采购的施工材料和设备。这一做法既体现了对当地实际情况的尊重，也保证了项目的顺利进行。

(4) 考虑当地的使用环境。马尔代夫当地的使用环境和我国国内常规项目有很大的区别，在考察时充分掌握当地情况，设计过程中要充分了解工程所在地的各种条件，设计和当地自然条件和风土人情融为一体。

[**案例** 5-9]

在马尔代夫胡鲁马累岛住房项目的执行过程中，尽管合同明确要求按照中国规范进行设计和施工，但项目团队在实施过程中充分考虑了当地的特点和习惯做法。特别是在勘察设计阶段及施工图设计过程中，团队坚持遵循马尔代夫当地的习惯做法和管理要求，对原有设计进行了适当的变通。许多做法与按中国标准设计的图纸有所不同，例如，建筑户型设计结合了当地人的生活习惯和气候特点，选择了前后通透、房间方正的房型。由于马尔代夫对住宅通风要求较高，主要居室通风需达到15%，卫生间需达到10%，均高于中国标准，因此中方设计公司在设计阶段根据业主的要求进行了相应调整。在屋顶设计方面，虽然中国惯常做法是现浇混凝土的平屋面，但设计人员赴马尔代夫考察后，了解到当地建筑普遍采用彩钢板坡屋顶，且广受认可。因此，团队决定采用钢屋面的结构形式，这样既易于获得业主的认可，也便于用户今后的维修。

（5）注意我国和马尔代夫之间的设计差异性，关注业主的独特性要求，主要包括设计深度、设计软件、设计图样、设计审查等问题。

［案例 5-10］

马尔代夫胡鲁马累岛住房项目中，存在大量中国标准与当地标准的差异。如，中国标准允许在电路回路中对电线采用铰接形式进行连接，而当地标准则明确规定，单个回路中的电线不得进行铰接，只允许在接线盒位置使用接线柱形式进行连接。此外，在材料性能指标方面，以电线为例，中国标准通常采用单股电线，而当地标准则仅允许使用多股电线。

（6）加强与业主的设计沟通，重视语言学习以更好地与业主沟通，准确理解业主意图，加快设计图报批。同时，需加强与施工方的沟通，确保设计在施工层面的可行性和可操作，特别是选用当地施工承包方的时候。

［案例 5-11］

马尔代夫维拉纳国际机场改扩建项目中，西北侧陡坎区域导致总图变是一个典型与各方沟通不足导致影响项目进展的案例。由于当时仅有 B 设计院负责设计，而该设计院缺乏海洋工程设计经验，引入了具有填海专业经验的 C 院作为分包，C 院根据国内施工能力判断工程施工可行。然而，由于设计单位和施工单位之间的沟通不畅，当当地施工单位明确表示缺乏此项关键技术的施工经验时，总图设计不得不作出调整，错失了施工图变更的最佳时机，从而导致了较大的损失。

（7）遵循设计审查程序，除业主工程师审查批准外，某些建筑需要政府相关部门进行图纸审查，如住房、土地和城市发展部，建设与公共基础设施部等。此时，须提前明确审查程序和要求。

（七）建设设备及材料的采购及运输

国际项目的物资管理包括采购、集港发运（报关）、国际物流及项目所在国清关、内陆运输、现场储管等一系列事务，是工程管理的重要组成部分，与工程项目建设全过程有着密切的联系。根据国内外工程项目合同价款构成分析，设备、材料在总合同价款中所占比例一般都将达到50%～60%，国际项目施工物资种类繁多、质量标准规范复杂，对成本和到场时间要求严格，且由于工程周期长、运输路途远，更见其物资管控的重要性。

1. **设备及材料采购**

工程中的采购策划是整个项目的关键环节，构成项目执行的物质基础和关键。规范的项目采购要兼顾经济性和有效性，从而达到有效降低项目成本，促进项目顺利实施和按期完成的目的。

采购工作要与设计紧密结合，确保选购产品的制造标准、材料标准符合设计要求，采购部门根据初步设计出具的图纸和技术资料等，可先咨询各类供应商、厂商，在满足物资技术质量安全可靠的同时，从经济角度对其进行优选，尤其是涉及定制的机械设备、电仪控制成套设备等，在其功能实现、品牌以及材料的选用上，提出合理化的建议，并将性价比高的物资的技术和验收等条件反馈给设计，进行深化融合，达到降本增效的目的。

国际工程中供货商的选择一般有以下几种方式：

（1）框架采购协议：选择与长期供应商在财务年度初期签订框架采购协议，对本年度采购物资或服务进行打包管理。

（2）招标方式：国际采购优先采用网络邀请招标方式，主要选择符合工程项目要求及业主品牌档次要求的供货厂商，综合考虑技术水平和价格因素，选择合适的供应商。

（3）属地化采购：在项目国及其周边市场，通过实地勘察调研，确定符合项目供货要求的合格供应商。

（4）竞争性谈判：直接邀请一家以上供应商就采购事宜进行谈判。

马尔代夫自然资源贫乏，本地建筑材料生产基本为零，工程物资和设备基本依靠进口。得益于其旅游业的发展带动了建筑业的需求增长，使得建筑材料市场成为众多材料生产商的出口目标之一。主要进口国家包括中国、印度、印度尼西亚等亚洲国家，这些国家提供的建筑材料质量稳定，价格适中。

［**案例** 5-12］

维拉纳国际机场改扩建项目中，几乎所有的建筑材料、设备均依赖进口，很多大宗材料（包括水泥、砂、石子、沥青等）、长周期设备都至少需要提前6个月进行预订，采购、运输周期长。

而在马尔代夫7000套社会住房项目中，项目所需钢材、水泥、砂石等建筑材料，全部从中国国内海运至马尔代夫。

2. 物流管理

境外投资建设项目采购和物流管理尤为重要，尤其是投资体量大的项目，物资需求量巨大，货物运输过程涉及制造、加工、验收、适运包装、长短途交货运输、装卸、集港、订舱、装卸船、海运、理货、检验、出口报关、保险、出口退税、贸易单证、目的地国清关等诸多环节，时间跨度大、跨境距离远、影响因素多，加之台风、海外政商环境、人文环境、流行疾病等多项不可控因素影响，发生风险的概率非常大，物流成本比国内项目高很多。为此，项目需要成立专业化物流管理团队，制定采购、物流总体方案，统筹规划、统一协调管理项目所有相关方物资采购与物流工作，形成制造、催交、包装、物流、仓储、现场、接卸等环节一体化管控。

建议物流方案包括国内外物资集散方案、海陆空运输方案、大件设备运输方案、物流操作流程和应急预案，统一组织项目集港、船舶安排、码头、装卸、清报关等物流环节工作，根据工程建设进度计划组织发运，并在物流管理上采取以下措施：

（1）选择有经验的物流代理商。对超大物流量的项目应选择两家或以上有广泛的全球货运网络、丰富的国际工程物流人力和设备资源、成熟的工程物流管理经验、雄厚的财力支持等软、硬实力的物流供应商，与多家外贸港口建立伙伴关系，为工程高峰期大量物资发运奠定基础，降低物流风险。

（2）在采购合同中明确交货条件。一是确定多个有效装运港，以便交货时根据物资生产和货量情况、港口和船期等因素来选择最终装运港，避免实际发运时由于港口、船期等衔接问题而产生争议或额外费用，影响物资发运；二是在采购和物流合同中明确大件吊装、自卸鞍座的匹配、船型选择、大件设备本体绑扎等特殊运输要求；三是划分因设备出厂延误、船期延误导致的滞港、亏舱或者滞期等问题时的责任；四是对无外贸出口经验的设备材料供应商提前指导货物出口准备和手续办理。

（3）动态管理物资发运计划。重点关注大件物资发运计划执行，建立物流问题反馈和纠错整改机制，及时调整计划。

（4）统一项目物流管理体系。明确发运申请、集港、订舱、装卸船和交货流程、紧急物资申请和发运流程和责任界面，统一调配物流资源和运力匹配。

（5）采取灵活便捷的运输方式。对于精密仪器或贵重设备、危险品，可根据重量、危险级别、紧急程度，优先考虑航空运输或集装箱海运，以确保安全；材料、设备采用搭配组合散杂货船发运方式，对不便配载散杂货船的物资采用集装箱或拼箱、中转等多种方式发运，合理安排船舶运力。

（6）超大件设备发运专门制定发运方案。超大、超重、超长、超高等大型设备应根据大件设备的具体情况专门编制物流发运方案，并确保每个节点按照方案实施，确保发运安全。

（7）明确跨境物资物流包装要求。由于跨境海运需要多次装卸，同时受到同船物资堆码积压、台风等恶劣天气影响，包装是物资安全的重要保证，需要制定统一的物资包装规定。针对特殊物资或大件设备，需要制定专门物流包装方案。

（8）制定物流应急预案。海外项目工程物资跨境物流具有相当大的不可控风险，极易发生突发情况。应基于各种不确定风险，对物流各流程环节进行风险评估，包括供货中断、运力不足、经济环境、政治环境、恶劣天气、货差货损等风险，针对各类风险问题制定物流应急预案和规避措施，同时完善供应链全程的保险方案、保险索赔方案。

马尔代夫工程采购的物流链涉及海上运输、岛屿间的转运，以及可能的空运，特别是对于紧急或高价值货物。由于马尔代夫是由众多分散的岛屿组成，且岛屿之间的地理分散，基础设施可能不足以支持大规模的物流操作（特别是较小的岛屿），这使得物资和设备的运输变得复杂且成本高昂。

［**案例** 5-13］

马尔代夫议会大厦项目涉及的材料品种很多，其中有些材料国内很少见。为了准确地选择和采购到符合设计要求的材料，项目组建立了一个由具有一定外文水平、熟悉国外材料的，由有关专业工程师组成的材料工程师小组，该小组与物资部门共同对材料、设备的质量负责。

国外物资保障组在运输公司的投标竞价环节，选择有经验的当地公司，考察该公司的资质和与国外公司合作的经验，选取能提供最佳服务的运输公司。将设备清关的风险转移给分包的国外运输公司，并将此条款写入分包合同，物资保障小组工作人员也需研究马尔代夫的清关政策，以备不时之需。

点评：

马尔代夫工程物资和设备采购的一些特点及注意事项：

（1）采购规划：提前规划采购，考虑到较长的交货时间和可能的运输延误。考虑到季节性因素，如雨季可能会影响物资的及时到达。

（2）成本分析：详细分析成本，包括运输、保险、关税和可能的进口税。可以考虑使用采购软件，来帮助管理物资的采购和供应。

（3）供应商选择：选择可靠的供应商，优先考虑有在马尔代夫或类似地理位置成功交付经验的供应商。可能需要采用招标、询价或直接订购等方式来选择供应商。

（4）合同条款：合同应详细规定交货时间、地点、质量标准、付款条件和违约责任。特别注意关于延迟交货和质量问题的赔偿条款。

（5）当地法规与标准：确保所有物资和设备符合马尔代夫的法律法规和标准。了解并遵守进口许可、报关程序和环保规定。

（6）应急计划：制定应急计划，以防物资短缺、运输中断或其他意外情况。可能需要建立备用供应链或储备关键物资。

（7）质量控制：实施严格的质量控制措施，确保进口物资和设备符合项目需求。考虑在供应商所在地进行预发货检验。

（8）文化交流与沟通：考虑到文化差异，确保与当地供应商和合作伙伴的有效沟通。

（9）可持续采购：考虑到马尔代夫的环境敏感性，优先选择环保材料和设备，以及可持续的采购实践。

（10）地方政策变化：监控当地政策的变化，如税收、贸易政策或外汇管制，这些可能影响采购成本和可行性。

（八）马尔代夫工程成本

1. 电价

马尔代夫电价采取阶梯计价，价格包括固定费用和燃油附加费两部分。不同岛屿的电价不一致，首都马累地区居民用电最低档为 100 千瓦时/月以内部分，4.7 卢菲亚/千瓦时，最高档为 600 千瓦时/月以上部分，6.3 卢菲亚/千瓦时；商业用电最低档为 5.75 卢菲亚/千瓦时，最高档为 7.8 卢菲亚/千瓦时。其他岛屿居民用电价格与首都相差不大，商业用电价格高于首都电价。

点评：

电价会浮动，最新价格可以登录马来西亚电力公司网站进行查询。

2. 水价

马尔代夫的淡水主要来源于海水淡化，因此淡水的生产成本相对较高。不同岛屿的水价可能不同，取决于该岛屿的淡水供给能力、人口密度以及是否靠近首都马累等。以首都马累为例，采取阶梯计价。居民家庭用水：日均用水 100 升以下部分，价格为 22 卢菲亚/吨；日均用水101~500升之间部分，价格为70卢菲亚/吨；日均用水500升以上部分，价格为95卢菲亚/吨。机构用户：75.95卢菲亚/吨。商业用水：101.26卢菲亚/吨。另外，每月收取30卢菲亚固定费用。

点评：

水价会浮动，最新价格可以登录马累供水与污水处理公司网站进行查询。

3. 油气价格

当地使用罐装液化气，价格为200卢菲亚/罐（10公斤）；天然气最低价格为46卢菲亚/加仑，最高价格93卢菲亚/加仑；汽油价格为15.30卢菲亚/升。

4. 劳动力价格

据Numbeo网站于2024年6月的薪资调查数据，马尔代夫的平均薪资为15363卢菲亚/月。

根据马尔代夫官方2021年的数据统计，马尔代夫本国人不从事重体力工作，需通过输入外籍劳工进行补充，在马尔代夫工作的外国人超过17.7万人，其中，11.2万人来自孟加拉国，占63%，其次是印度、斯里兰卡、尼泊尔、中国。外籍劳工工资水平较低，一般月薪在300美元左右。外籍劳工岗位主要包括焊接工、水暖工、粉刷工、电工、司机、搬运工等。马尔代夫新政府上台以后，加大了对马尔代夫外籍劳工的管理力度，目前正在与相关国家密切配合，拟给予这些外籍劳工合法身份。马尔代夫当地人在中资企业基本从事管理和轻体力服务工作，月薪500美元左右。

5. 土地及房屋价格

马尔代夫为伊斯兰国家，外国企业和个人无权取得房屋和土地的所有权，但可以租赁。据Numbeo网站2024年6月数据显示，在首都马累，市中心住宅价格约为人民币 17857 元/平方米，市郊为 11131 元/平方米。市中心一居室住宅租金为 7244 元/月，市郊租金为 5102 元/月。三居室住宅市中心租金为 12091 元/月，市郊租金为 10440 元/月。办公楼租金视地段较住宅高出 30%～50%。马尔代夫工业基础薄弱，少有工业厂房出租。

马尔代夫目前尚有 800 多个无人岛，如经内阁批准后，拟开发为旅游度假村的岛屿，将由旅游部负责招标，本国及外国投资者可租赁经营，租期通常为 50 年，可以根据投资者需求续签至 99 年。根据岛屿位置、面积不同，年租金价格约数百万美元。

6. **建筑成本**

马尔代夫几乎所有建筑材料都依靠进口，进口来源地主要为印度、马来西亚、阿联酋等周边国家。马尔代夫目前主要的建筑材料价格如下：水泥，110～120 美元/吨；碎石，40～50 美元/吨；河砂，35～45 美元/吨。

三、第三阶段：建设实施

（一）劳动用工

在马尔代夫承包工程，在劳工合规方面主要是需要符合马尔代夫《就业法》中的相关要求、马尔代夫对外籍劳工准入要求及本地化比例要求、马尔代夫社会习俗与宗教文化要求，以及项目业主对劳动用工的规定。马尔代夫在用工方面应注意以下内容：

（1）外国人赴马尔代夫工作，必须获得相关部门签发的工作许可证，并确保相关证件在有效期内。马尔代夫对外籍劳工的输入控制和管理很严格。未经马尔代夫国土安全和科技部批准，任何外国人不得在马尔代夫工作。详见本书“第四章 第六节 马尔代夫关于劳工雇佣的法律规定”。

点评：

马尔代夫政府审批和办理签证周期较长且波动较大，尤其是孟加拉国籍劳务，受马尔代夫移民政策影响较大，办理周期为1至3月不等，企业需提前梳理劳动力计划，提前准备政府要求的相关文件，以免出现因为签证问题而导致劳动力跟不上现场用工需求的情况。

中资企业派遣中方劳务赴马尔代夫工作，要与国内具备资质的正规劳务派遣公司合作；中资企业雇用第三国的劳务，要去第三国实地考察，并与第三国正规合法的劳务公司合作；在马尔代夫期间，由于马尔代夫签证公司、劳务公司颇多且参差不齐，要与马方相关政府机构单位推荐的公司合作，并考察后再合作。

(2) 严格遵守马尔代夫相关劳动法律规定，依法用工，依法纳税。派出劳务人员前，应全面、详细、如实地向其介绍马尔代夫相关情况、工作和生活条件以及工资待遇，签订劳务派遣合同，并建立劳务纠纷和突发事件应急预案。

(3) 应尊重当地的文化、宗教、风俗和生活习惯，本着和谐相处、互利共赢的理念，与当地民众和谐相处。同时，要增强安全和防范风险意识，注意规范言行、避免激化矛盾，以免给自身工作和生活带来安全隐患。遇到问题时，务必依法维权，切勿采取过激行为，以免因违法而陷于被动。

(4) 保持劳务结构简单。马尔代夫是旅游国，人口稀少，劳动力资源稀缺，劳动力主要从中国、孟加拉国、斯里兰卡、菲律宾、尼泊尔等国家输入。企业在实际管理时需兼顾各国之间的文化、宗教、政治差异。涉及的国别越多，面临的问题也越繁杂。所以，在输入劳动力时，尽量保持劳务结构简单、统一，避免出现多级分化、拉帮结派的现象发生。

［案例 5-14］

马尔代夫住房项目二期工程中，中方承包商在用工方面，特编制《现场劳务管理办法》，以有条不紊地对劳工进行管理，同时采用中国劳工与孟加拉国劳工混合搭配的形式，前期由中国工人边做边教，待孟加拉国劳工熟练之后，再提升中国劳工与孟加拉国劳工的数量比例，同时也降低了施工成本。

（二）工程分包

马尔代夫的一些工程项目，特别是涉及复杂施工工艺的项目，往往需要具备专业能力的分包商来承担。这些分包商可能具备特定的设计能力或与主合同工程设计紧密衔接的能力。由于马尔代夫是一个旅游胜地，当地的工程承包力量薄弱，其工程项目往往吸引了来自世界各地的承包商和分包商参与，分包过程中可能涉及跨国合作和沟通。

在选择分包商时，仔细评估分包商的资质、经验和财务稳定性，确保他们有能力完成任务。同时，还需确保其遵守马尔代夫的所有相关法律法规，包括但不限于劳动法、环保法、建筑法等，并获得所有必要的许可和执照。这些许可和执照可能涉及环保、建筑、安全等多个方面。

在签订分包合同时，承包商应仔细审查合同条款，确保条款清晰、无歧义，并充分评估合同风险。特别要注意工期、质量、造价等关键条款的约定，避免未来产生纠纷。分包商在施工过程中应严格遵守当地的环保法规，采取有效措施减少施工活动对环境的影响。同时，还应关注当地社区对环保问题的态度和反应，确保施工活动得到当地社区的支持和理解。分包商还需要建立完善的质量控制体系和安全管理制度，确保施工活动符合设计要求和质量标准。同时，还应加强施工现场的安全管理，防范安全事故的发生。

（三）工程质量

马尔代夫没有形成自己特有的工程质量监管体系，主要是基于工程合同的要求，由业主方及政府相关部门对质量进行监管。作为承包方，中方企业应做到：

（1）满足设计、施工与验收规范。设计阶段，承包商需提交详细的设计方案，并确保其符合合同约定的技术标准及马尔代夫强制性的技术规范。施工过程中，应严格按照施工图纸和技术要求进行施工，确保工程质量。工程完工后，需按照合同约定验收标准及马尔代夫的相关规范进行验收，确保工程达到预定标准。

（2）确保材料与设备质量。选用符合规范标准的建筑材料和设备，并确保其质量可靠。在材料和设备进场前，应进行严格的质量检验，确保不合格产品不得用于工程建设。

（3）建立质量管理体系，开展过程监督。应建立并实施严格的质量管理体系，责任到人，做到全程质量监控，及时发现并纠正施工中的问题。

（4）配合来自第三方的监督检查。马尔代夫相关部门会对工程建设过程进行监督和检查，以确保工程质量和安全。承包商需积极配合政府部门的监督工作，提供必要的施工资料和现场支持。

（四）工程变更和索赔

在包括马尔代夫在内的英联邦地区，计量计价师（QS）扮演着至关重要的角色。当工程项目进入设计阶段，业主会聘请独立的QS公司，负责编制合同条款、工程量表，并参与投标评审。承包商中标后，QS的主要职责包括审核进度付款、评估工程变更令（VO）、解决合同争议等。一个合格的QS需具备工程、法律和合同管理的专业知识与丰富经验，对业主项目管理团队在合同理解、解释、执行和纠纷决策中起到关键咨询作用。

在项目建设过程中，承包商也会指派自己的QS，与业主聘请的QS协作，共同处理进度付款、VO评估和合同争议等问题。在国际工程合同管理中，索赔、调价公式和VO被视为承包商工程结算的三大收入支柱。然而，由于索赔和调价公式的使用可能复杂化问题并影响承包商与业主关系，承包商通常谨慎使用，仅在必要时采用。相比之下，VO作为几乎每个项目都存在的元素，是承包商最广泛使用的增收手段，其结算成功与否对项目的整体效益不可或缺。

作为承包商的QS，必须对招标文件、施工图和工程量表有深入的了解，这是准确结算VO的前提。在检查招标文件与施工图的过程中，可能会发现由于业主QS在招标设计阶段未能深入研究每个细节，导致工程量表中出现误算或漏算，从而产生VO。

[案例5-15]

浙江省水利水电投资集团承建的马尔代夫瑚湖尔岛空中厨房建设项目（以下简称空橱项目）中，我方在审阅工程量表时，若发现电梯井混凝土和模板工程量不足，经过重新计算确认后，可要求业主的QS将这部分工程量作为VO重新计算。这种情况属于“误算”。还有一种情况是“漏算”，如在该工程招标图中的大型不锈钢地槽未列入工程量表，这属于明显漏算。最终，咨询工程师发出变更令，确认为VO，承包商的追加报价可考虑更高的利润率。

在工程实施过程中，建立完整的记录并及时确认变更对于 VO 的管理和结算至关重要。技术人员在研读施工图纸时遇到的技术问题往往是潜在的 VO。承包商应通过征询函和指令确认函的形式，建立完整的书面记录，这不仅有助于避免未来的技术、合同争议，也是 VO 结算的依据。

[**案例** 5-16]

在马尔代夫空橱项目中，承包商共发出 600 余条涉及建筑、结构、机电的指令确认函，这些记录不仅在技术、合同争议中使建设单位处于主动地位，更为整个项目 VO 结算的成功奠定了基础。

除了响应由业主 QS 失误或设计失误引起的 VO，承包商还应善于诱导设计师发出对自己有利的 VO，利用变更来消除投标失误或提高利润率。

[**案例** 5-17]

在马尔代夫空橱项目中，合同中规定 2 间高级管理人员的套房采用柚木拼木地板，面积约 100 多平方米，投标时由于忽略了马尔代夫当地没有地板抛光机械租赁的实际，因此必须采用价格昂贵的预抛光、预油漆的柚木拼板这一情况，投标方投标单价明显偏低，而相反地，瓷砖投标单价却利润率较高。针对这一实际情况，建议设计师将原来的柚木地板改为价格相对便宜的玻化地砖，最终说服设计师发出该变更。虽然这是扣钱的“负”变更，但却是对承包商更有利的变更。

点评：

变更管理是国际工程项目中的一项关键工作，承包商必须具备深入理解合同、准确核算工程量、及时记录和确认变更的能力，同时善于利用 VO 策略，优化项目成本结构，提高项目整体效益。在马尔代夫等英联邦国家，这一过程尤为关键，需要承包商的 QS 具备高度的专业性和策略性。

（五）境外职业健康、安全和环境（OHS&E）管理规范

1. 马尔代夫职业健康与安全法律规范及监管机构

职业健康与安全（OHS）是任何工作场所的一个重要方面。它涉及识别危险和实施控制措施、建立和执行安全工作程序、提供合适的个人防护设备以及确保应急准备等方面。

（1）马尔代夫与职业健康安全有关的法律。

《职业安全与健康法》是一项综合性立法，于 2023 年 12 月 18 日获得议会通过，它为马尔代夫的工作场所健康与安全奠定了基础。它涉及雇主和雇员责任、风险评估和危害预防等关键领域。其核心内容包括：

①雇主责任。雇主在法律上有义务对其工作场所进行彻底的风险评估，并采取行动解决已识别的危害。雇主有责任确保工人了解危险、安全程序及其依法享有的权利。《职业安全与健康法》要求报告工作场所事故和疾病，这对于跟踪趋势和改进预防措施至关重要。违反健康和安全法可能会导致罚款和其他处罚。

②危害识别与控制。雇主必须识别工作场所的危害并实施控制措施。这符合全球公认的控制层次结构，包括消除、替代、工程控制、行政控制和个人防护装备法规（PPE）。

③安全工作程序。必须为所有任务建立并执行安全的工作程序。这些程序应清楚地传达给工人，同时在工作现场显眼位置进行展示，

以便随时参考。

④提供个人防护装备。无法消除危害的情况下，雇主必须提供合适的个人防护装备，并确保其正确使用和维护。

⑤应急准备。工作场所必须制定应急计划并定期进行演习。这包括确保消防安全设备、急救用品和明确标记的疏散路线等。

点评：

针对工程建设行业，马尔代夫非常重视防坠落措施，如使用护栏、脚手架和安全带。对于高空作业的工人，必须配备特定的培训和安全设备。电气工作也必须采取预防措施，以防止触电危险。

《就业法》列有与工作时间、条件、歧视、童工和工人权利有关的规定。该法案通过确保公平的工作实践来补充《职业安全与健康法》，从而影响工人的福祉。

《公共卫生保护法》侧重于传染病的预防和控制、食品安全、环境卫生和突发公共卫生事件。这项立法对工作场所的健康和安全有间接影响。

（2）马尔代夫针对特定行业的法规。《旅游机构安全与安保标准条例》由旅游部发布，概述了酒店、度假村和宾馆的具体安全和安保协议。涵盖的领域包括消防安全、应急程序、急救和安全措施。《建筑工地健康与安全条例》规定了建筑工地的安全规范。它旨在减少与建筑相关的常见危害并保护该行业的工人。

（3）监管机构。经济发展和贸易部主要负责《职业安全与健康法》的执行和实施，劳动关系管理局负责监督就业条件，并确保遵守《就业法》，他们在解决劳资纠纷和促进健康的工作环境方面发挥着重要作用。卫生保护局执行《公共卫生保护法》的规定，它进行检查并调查公共卫生危害，包括可能影响工作场所的危害。旅游部负责管理旅游部门，并在旅游场所内执行安全标准。

（4）工作场所检查。工作场所检查在验证合规性、识别潜在危险以及提升对安全最佳实践的认识和教育方面，扮演着重要的角色。它们是确保工作场所遵循各类法规与标准的核心工具。

经济发展和贸易部的劳动关系科是依据《职业安全与健康法》执行工作场所检查的主要机构。然而，特定行业的部门也有权对其所属行业进行检查。例如，旅游部负责在旅游机构内执行相关标准，而卫生保护局则可能涉及工作场所的公共卫生监管。

①检查程序。检查过程包含多个步骤。首先，检查员会审查相关的法律法规和标准，查阅工作场所过去的检查记录，并可能会收集特定行业的相关资料。在开始检查前，检查员会向相关人员解释检查的过程、目的以及他们的法律权限。然后进行系统的实地演练，检查员会观察工作条件，识别潜在的危险，并可能与工人进行交流。在此过程中，检查员会详细记录观察结果，包括拍照或进行测量，并审查工作场所的相关记录。最后在检查结束时，检查员会与雇主讨论调查结果，提供初步的建议，并概述正式检查报告的流程。

②检查标准。检查标准涵盖多个方面，包括工作场所的条件，如清洁度、设备维护状况、紧急出口的设置、照明和通风情况等。检查员还会检查工作场所是否符合相关法规，并评估所采取的危害控制措施是否充分有效。此外，检查员还会评估工作场所是否有完善的程序记录、培训记录、风险评估报告以及事件报告系统。

③检查频率。《职业安全与健康法》并未明确规定检查的频率。实际上，检查的频率由多个因素共同决定，包括工作场所的规模、风险水平、过去的检查记录，以及工人投诉或报告的事件等。

④检查后的后续行动。检查结束后，检查员会出具一份正式报告，其中详细说明了检查结果及发现的所有违规行为。根据具体情况，检查员可能会下达命令，要求在规定期限内纠正不安全的工作条件或做法。为了核实是否采取了纠正措施，可能会进行后续检查。《职业安全与健康法》中概述了对违规行为的处罚措施，这可能包括罚款，而在严重违规的情况下，甚至可能导致企业被关闭。

（5）OHS 事故处理。

①事故报告。工作场所事故是一个严重的问题，需要迅速而有效地解决。《职业安全与健康法》规定了此类事件的报告要求，且报告的时间范围根据事件的严重程度而有所差异。对于严重伤害和死亡事件，必须立即向经济发展和贸易部报告；而对于只需要医疗护理的伤害事件，则应在合理的时间内进行报告。雇主承担着报告事件并维护准确事故记录的主要责任，他们可以通过电话、亲自到访或通过指定的在线系统进行报告。

②事故调查。调查的目的是确定事故的根本原因，并采取措施防止将来发生类似事件。根据事故的严重程度，调查可能由雇主、经济发展和贸易部或其他特定部门的监管机构或执法部门来进行。调查过程包括保护现场以保留证据并防止进一步的伤害，通过证人访谈、记录审查、拍摄照片和现场检查来收集信息，分析数据以确定根本原因和促成因素。调查团队会在报告中详细说明调查结果，并提出防止事故再次发生的步骤。

③工伤索赔。《就业法》概述了因工作受伤或生病的雇员的一般权利和权利，为赔偿提供了依据。《职业安全与健康法》规定，雇主必须获得工伤赔偿保险。该保险涵盖遭受工伤或疾病的工人的医疗费用、工资损失和残疾福利。索赔过程包括寻求及时的医疗护理和记录

伤害，将伤害通知雇主，并向保险公司提交索赔并附上证明文件。

点评：

马尔代夫在处理赔偿索赔方面有时可能显得迟缓，这给受伤的工人带来了经济上的困难。尽管调查是必不可少的环节，但有时却缺乏深入探究系统性问题以及预防未来事故所需的深度。此外，由于担心报复或缺乏相关意识，工作场所的事故和疾病可能存在漏报的情况。

马尔代夫在职业健康安全标准的实施和执行上面临着挑战，这主要归因于资源的有限性以及专业职业健康安全人员的匮乏。由于缺乏一个集中的工伤监测系统，难以有效跟踪和分析工作场所的事故和疾病，从而阻碍了有针对性的预防工作的开展。值得注意的是，很大一部分劳动力集中在非正规部门，而这些部门的职业健康安全法规通常更难得到有效实施。

作为中方承包商，我们更应主动承担起自己的职业健康安全责任，发挥我国在职业健康安全管理方面的优势，确保施工现场的安全。

[案例 5-18]

马尔代夫维拉纳国际机场改扩建项目中，中方单位针对重点危险监控区域（尤其是危险区域）的施工安全，建立了扁平化的安全管理组织，并实施严格的安全规定。为此，中方项目部成立了危险区域内施工领导小组，该小组涵盖了总包负责人、分包负责人、班组负责人及相关专业人员，从而建立起从总包到分包再到班组的三级安全管理体系。项目部明确划分了责任区域，并严格实施责任到人的制度，确保各岗位安全管理职责清晰，实现一岗双责，人尽其责。其中，对受限区作业班组的管理是中方主要的工作抓手。

在危险区域作业时，项目部执行严格的安全管理制度和要求，特别注重事先的风险评估。既向外向业主单位提交工作申请，也向内对施工班组实施作业许可证管理。项目部严格按照施工方案和交底进行施工活动，要求班组长务必落实各项安全指令，确保各层级沟通顺畅。同时，项目部要求现场发生各类紧急情况时必须立即上报，以确保施工活动整体受控。

为了加强沟通，项目部建立了与业主如马尔代夫机场公司、安保公司、监理单位等相关联单位的沟通联络机制。中方制定了定期汇报制度，固化了联络程序，并指定了联络人，以确保随时保持顺畅的沟通。

项目部充分考虑了外界运营的动态性和危险区域内施工活动的复杂性，将危险区域施工活动与外界在管理层面上形成了一体化的管理，确保统一指挥，相互协调，排除干扰。项目部与外部单位既明确了主体责任，又达成了互援互助的局面，形成了利益共同体和命运共同体，从而将运营风险和施工风险降低到最低或可接受的层面。例如，马尔代夫机场项目部多次高效和无偿地为业主公司解决航站楼广场雨后排水问题，既获得了业界好评，又得到了施工便利，实现了双赢，也推动了危险区域内相关施工许可的审批进度。

项目部特别注重对作业人员的行为管控。在危险区域内，人的不安全行为是主要隐患。因此，中方对进入危险区域内施工人员进行严格审查，确保他们的身体条件和心理条件都符合要求。项目部每天召开工具箱会议，对进入危险区作业的人员进行专项安全教育。项目部要求作业人员务必沿着指定路线进出，在指定区域内从事相关作业活动。人员进场前，个人防护设备必须穿戴整齐，现场作业要统一着装。项目部严禁只有外籍劳工作业的情况，作业现场必须有中方人员协助和共同参与施工，并有安全人员监督旁站。各项作业活动必须服从危险区域的安全要求，遵守劳动纪律和操作规程。

项目部加强了危险区域内的安全检查和整改工作。按照三级安全管理体系和相关安全检查制度要求，对施工活动进行安全巡查，并对施工隐患及各类不合格项立即予以监督整改。重点检查了人员行为和机械设备，确保在指定的区域和空间范围内从事作业活动。由于危险区域基本为运营区，特别关注地下管线安全、高空毗邻建筑物的防护以及设备和材料的超高超限要求。当日工作完成后，特别注重现场的清理和安全环境保持。

完善了应急处置机制和措施。项目部在既有的应急预案基础上制定了危险区域内施工的专项应急处置方案。确保危险区域内现场有必要的应急处置设施，并与业主等外部关联单位进行定期交流，举办联合应急演练活动。

总之，在施工实施的事前、事中和事后，中方项目部都不断强化和优化各项安全管控工作，将其作为第一要务，以确保圆满完成施工任务和安全目标。

2. 马尔代夫环境监管法律及要点要求

马尔代夫对环境保护极为重视，有一系列环境保护法规，旨在保护其独特的生态系统，包括珊瑚礁、海洋生物和鸟类栖息地。这些法规覆盖了环境影响评估、废物管理、污染物排放限制、生物多样性保护等多个方面。马尔代夫的环境保护法律体系要求所有可能对环境造成影响的工程项目在开始前进行环境影响评估，并获得相应的许可。

目前，马尔代夫环保评估主管机构为气候变化、环境和能源部下属的环境保护局。《环境影响评估规定》就环评报告的范畴、申请程序、项目规划、法定责任等一一作了规定。

除了环境影响评估，在马尔代夫进行工程项目的环境保护方面，以下几点是特别需要注意的：

(1) 废弃物管理。工程项目产生的废弃物必须根据马尔代夫的废弃物管理规定进行分类、储存、处理和处置。2024 年 6 月，马尔代夫气候变化、环境和能源部专门出台了名为“Magey Saafu Raajje”的国家废弃物管理政策，为在 2028 年底之前为废弃物管理问题提供重大解决方案。

(2) 生物多样性保护。马尔代夫拥有丰富的海洋生物多样性，工程项目不得破坏珊瑚礁、海草床和其他敏感生态系统。必须采取措施保护野生动物和海洋生物的栖息地。

(3) 水质和空气质量。工程活动不应导致水质和空气质量的恶化。需遵循排放标准，防止污染水源和空气。

(4) 噪声和振动控制。施工噪声和振动可能对周围环境和居民造成干扰，需要采取措施将其控制在可接受的水平。

(5) 社区参与。在项目规划和实施过程中，应与当地社区进行沟通，确保项目不会对当地居民的生活和环境造成不利影响。

(6) 合规与执法。工程项目必须遵守所有适用的环境保护法规，环境保护局和其他监管机构有权对违法行为进行处罚。

[**案例** 5-19]

中交第二航务工程有限公司在建设中马友谊大桥过程中，成立了专门的环境保护监督小组，严格按照有关要求，落实环境保护监督责任。工人们特制焊条筒、焊渣收集筒，防止焊条焊渣坠落海中；每台钻机设置钻渣集料箱，施工中及时清理转运至指定地点，严禁倒入海洋，避免对海水的污染；生活污水排放到当地政府指定地点处理；设备检修时设置油盆，少量洒出油污立即清理干净，防止污染环境；搅拌站上料平台采取封闭措施，搅拌站粉料罐顶部设置除尘装置；工地有专人及时清扫施工路面，避免扬尘。

在马尔代夫保障房项目中，中方企业在当地地质条件下首次使用CFG+后注浆施工工艺，利用此技术把对项目原生环境的影响降到了最低。同时在马尔代夫首次实现了三天一层楼的施工速度，实现了外墙砌体的精益建造，节省了装饰装修施工时间，并显著减少了固体废弃物的排放量，践行了绿色建造理念。

点评：

在马尔代夫进行工程项目的公司应与当地监管机构紧密合作，确保所有活动都符合环保要求，并采取适当的措施来最小化对环境的影响。此外，公司应该建立和维护一套完善的环境管理体系，以持续监测和改进其环境表现。

3. 我国商务部和生态环境部对境外投资合作有关环保的指引

目前，规范我国海外投资环境保护的主要政策是《对外投资合作建设项目生态环境保护指南》（以下简称《指南》），是由生态环境部、商务部于2022年1月联合发布的指导性文件，是对原有《对外投资合作环境保护指南》的修订。目的是进一步做好对外投资建设项目生态环境保护工作，高质量推动对外投资项目建设。

《指南》进一步优化对外投资合作建设项目环境管理。一是进一步明确适用范围。我国企业在境外开展投资建设的新建（含改建、扩建）类项目、收购并购类项目以及承包工程项目，在开展生态环境管理工作时，均可参考本《指南》。二是进一步丰富内涵。《指南》针对污染防治、应对气候变化、生态系统和生物多样性保护等多个领域提出对外投资合作建设项目工作指引。三是理顺项目全生命周期管理流程。根据项目投资建设前、施工期、运营期、关闭退出等主要环节，《指南》调整并补充完善了相关规定。四是进一步提高境外项目环境管理水平，《指南》鼓励项目采用国际通行标准或我国更严标准开展生态环境保护相关工作，并对企业提出完善内部环境管理体系、鼓励开展清洁生产、加强信息发布等要求，强调企业环境管理主体责任。

4. 我国商务部对境外投资合作有关安全管理的指引

商务部合作司与中国对外承包工程商会共同发布的《境外中资企业机构和人员安全管理指南》（第三版）为境外企业和对外投资的安全保护工作提供了全面的指导。

四、第四阶段：竣工验收

（一）竣工验收准备

验收前，根据合同条款约定，项目公司/项目部应与业主进行充分的沟通，明确项目验收要求，包括需要业主参与的验收项（如隐蔽工程等）及最终的移交标准等，并将相关要求准确反馈至各分包单位。项目公司/项目部须严格依据设计图纸和有关国家规范标准的要求执行分项、分部和单位工程验收。对于工程隐蔽部分和其他需要中间验收的部位，项目公司/项目部应通知监理在施工过程中进行验收，要注意验收前通知时限。提前通知监理，避开周末、节假日等不利因素。

项目验收要求一般应完成以下工作：

（1）工程已按批准的设计内容全部完成。

（2）工程自检验收及评价完成。

（3）历次验收所发现的问题已基本处理完毕。

（4）归档资料齐全符合合同约定。

（5）工程投资全部到位。

（6）竣工结算完成合同约定。

（7）按合同约定，项目的安全、环保、消防、水保档案等各单项已通过验收。

（8）合同约定的其他事项。

（二）竣工验收程序

马尔代夫的工程验收准备涉及多个阶段和环节，通常会遵循一定的程序和国际通行的标准。以下是一般性的工程验收工作概要。

1. 工程收尾阶段

（1）完成所有预定的建筑和安装工作，确保所有工程项目均达到设计文件和技术规范的要求。

（2）进行彻底的清查，包括自查、互查和专项检查，查找并修复遗漏或不合格部分。

（3）完成装饰装修、绿化环保、交通安全设施等附属工程。

2. 资料整理与归档

（1）整理完整的施工记录、材料进场验收单、隐蔽工程验收记录、质检报告、试验检测数据等工程技术资料。

（2）汇总施工过程中发生的变更洽商、设计修改通知单等文件，确保与最终实体工程一致。

3. 竣工预验收

（1）承包商先行自检，填写《预验收申请表》并提交给监理工程师审核。

（2）监理单位组织预验收，包括现场实体质量检查、设备调试验证、系统试运行等。

4. 质量评估与整改

（1）对预验收中发现的问题进行整改，直至所有问题得到解决并通过复验。

（2）邀请相关部门和专家进行工程质量评估，出具质量评估报告。

5. 环境保护与安全检查

（1）确保施工期间产生的废弃物已妥善处理，环保设施达标。

（2）对安全生产设施进行验收，确认消防、安全通道、劳动防护等方面符合法律法规要求。

6. 功能性测试与验收

（1）对电气设备、压力容器、起重设备等特殊设备进行功能测试和安全检查，确保其性能指标满足设计要求。

（2）对公路、桥梁等基础设施进行荷载试验，确保结构安全。

7. 财务结算、决算与审计

结算工程款项，编制竣工决算书，完成财务审计工作。

五、第五阶段：投产运营

（一）项目运维

如果合同中约定由中方公司负责运维，则在验收合格进入投产后，中方公司应立即组织人员开始项目运维工作。而在验收前期，中方公司就应做好相应的运营前期准备工作，如提前招募并培训当地运维人员，管理人员提前进场，办公和生活家具的提前购置，做好技术交接等工作。

1. 运维的工作内容

（1）日常运维管理。定期对工程设施进行巡检，包括但不限于建筑物、道路、桥梁、水利设施、输变电线路、轨道交通、污水处理厂、风电站等基础设施的外观、结构稳定性、设备运行状况检查。执行预防性维护，按照设备制造商建议或国家标准进行定期保养，如更换磨损部件、润滑、清洁、紧固等，以延长设施使用寿命。

（2）故障排除与维修。快速响应并处理突发故障，对出现故障的设备或系统进行诊断、维修或更换损坏部件。对大型复杂系统的故障采取科学的方法进行分析，记录并报告故障情况，提出改进建议。

（3）性能监控与优化。利用现代信息技术进行远程监控和数据分析，对设施的运行效率、能耗、产出进行实时监测，优化运行参数，提高整体效能。对于能源设施，如风电站、水电站、输电线路等，进行发电量统计、电能质量监测和调度管理。

（4）安全与环境管理。落实安全规章制度，进行定期安全培训和应急演练，确保运维人员安全作业，防范安全事故的发生。对环境保护设施进行有效运维，确保污染物排放达标，同时关注生态恢复和环境影响监测。

（5）文档记录与报告。认真记录运维过程中的各项工作内容、设备运行数据、维护检修记录、故障处理情况等，形成完整的技术档案。定期向业主或上级管理部门提交运维报告，包括设施运行状态、维护成本、预期寿命评估、存在问题及解决方案等内容。

2. **运维应注意的事项**

（1）合规性。确保所有的运维活动符合当地法律、法规、行业标准以及合同规定。

（2）人力资源。培训和配备合格的运维人员，具备相应的专业技术能力和资质证书。

（3）备品备件。提前储备充足的备品备件，确保能在设备故障时及时替换，减少停机时间。

（4）合作与沟通。与设计方、施工方、设备供应商保持良好的合作关系，获取技术支持和信息共享。

（5）风险管理。识别潜在的运维风险，如自然灾害、人为破坏、设备老化等，制定应对策略和应急预案。

（6）跨文化沟通。在国际合作项目中，注意尊重当地文化和习俗，促进与当地团队的良好协作。

对于具体的工程运维项目，还需结合项目特性和所在行业的具体要求来细化运维任务和注意事项。

（二）保修

在马尔代夫进行工程项目时，工程保修期是确保施工质量和客户满意度的关键环节。保修期提供了对工程缺陷进行修复的机会，从而保证项目的长期稳定性和可靠性。

1. **保修范围**

马尔代夫的工程保修范围通常涵盖地基基础工程、主体结构工程、屋面防水工程、电气管线、上下水管线安装工程以及供热、供冷系统等项目。这些保修范围可能因具体合同和项目而有所不同，但一般会遵循国际通用的建筑工程保修原则。

2. **保修责任**

在保修期内，施工方对工程质量负有主要责任。一旦发现工程质量问题，施工方应及时进行修复，并承担由此产生的费用。如果因工程质量问题给业主造成损失，施工方还应承担相应的赔偿责任。通常包括因施工不当或材料缺陷导致的问题，而不包括由于自然灾害、误用、滥用或正常磨损导致的损坏。保修服务可能涵盖：

（1）修复或更换。对于保修期内出现的缺陷，承包商应免费修复或更换。

（2）定期检查。承包商可能需要定期回访，检查工程状况并预防潜在问题。

（3）用户手册和培训。提供操作和维护指南，有时还可能包括对业主或操作人员的培训。

业主在保修期内也有义务配合施工方进行工程质量的检查和维修工作。同时，业主应妥善保管和使用工程设施，避免因不当使用造成损坏而影响保修责任的履行。

3. **保修期限**

根据马尔代夫以及国际通行的惯例，保修期通常从工程竣工验收合格之日开始计算。如果工程分阶段完成，保修期可能分别从各阶段的验收合格之日起算。不同类型的工程部件和系统有不同的保修期限，具体根据合同约定。例如：装修工程、电气管线、给排水管道、设备安装。保修期通常为 2 年；供热与供冷系统。保修期通常为 2 个采暖期或供冷期；屋面防水工程、有防水要求的卫生间、房间和外墙面的防渗漏。保修期通常为 5 年；房屋主体结构。可能达到设计使用年限的 50%，或为设计文件规定的合理使用年限。

4. 保修程序与流程

(1) 报修与响应。当工程出现质量问题时，业主应及时向施工方报修。施工方在接到报修通知后，应尽快响应并安排维修人员前往现场进行检查和维修。

(2) 维修与验收。维修工作完成后，施工方应通知业主进行验收。验收合格后，保修程序结束；若验收不合格，施工方需重新进行维修直至达到合格标准。

5. 注意事项

对于工程保修，业主和承包商都应注意以下几点：

(1) 及时通知。一旦发现任何问题，业主应立即通知承包商，以便及时修复。

(2) 记录保存。双方都应保留所有保修期内的维修记录和通信记录，以备后续参考。

(3) 专业评估。当保修责任存在争议时，可以聘请第三方专业机构进行评估。

(4) 保修结束。确认所有保修工作完成后，双方应签署保修期结束确认书。

[**案例** 5-20]

中马友谊大桥项目是中国援建的连接马尔代夫首都马累、机场岛和胡鲁马累岛的跨海大桥。为了保障大桥的长期安全运行，中马双方签署了后续维保技术援助项目实施协议，由中交第二航务工程局有限公司负责实施为期36个月的维保工作。该项目的保修内容包括初次修复及预防性养护、健全大桥维护档案、开展大桥检测与评定、日常保养以及对马方维保技术人员进行培训等。

点评：

在马尔代夫，签订合同时明确保修条款非常重要，保修条款要特别考虑马尔代夫的特殊地理位置和气候条件，如海岛环境可能导致的盐蚀、高湿度等因素。

（三）项目后评价

马尔代夫项目后评价的要求包括以下几个方面：

1. 项目目标达成情况

评估项目是否按照预定的时间表和预算完成，并实现项目的主要目标。分析项目未能达到预期目标的原因，并提出改进措施。审查项目的可持续发展目标是否已经实现，以及是否与国家的长期发展规划相符。

2. 项目管理过程评价

评估项目的决策过程是否科学、合理，并符合马尔代夫政府的相关规定。分析项目实施过程中的管理问题，包括项目进度、质量、成本等方面的控制。评价项目团队的合作和协调情况，以及如何改进项目管理流程。

3. 项目经济效益评价

分析项目的投资回报率、内部收益率等经济指标，以评估项目的经济效益。评估项目对马尔代夫经济的贡献，包括对国内生产总值、就业、技术进步等方面的影响。分析项目的经济效益与社会成本之间的关系，以确定项目的经济效益优势。

4. 项目环境和社会影响评价

评估项目对当地环境的影响，包括空气质量、水资源、生物多样性等方面的变化。分析项目对当地社会的影响，包括文化传承、社区发展、社会稳定等方面的影响。提出环境保护和社区发展的建议，以促进项目的可持续发展。

5. **项目可持续性评价**

分析项目的可持续性，包括项目的长期运营和维护成本、技术更新、市场变化等方面的影响。评估项目对环境和社会的长期影响，以及如何确保项目的可持续发展。提出提高项目可持续性的建议，以促进项目的长期发展。

6. **项目风险控制和应对措施评价**

评估项目在实施过程中遇到的风险，以及如何进行控制和应对。分析项目风险管理的问题和不足，并提出改进措施。提出应对未来可能出现的风险的建议，以确保项目的稳定运行。

7. **项目沟通和透明度评价**

评估项目各利益相关者之间的沟通和协作情况，以及如何提高沟通效率。分析项目的信息披露和透明度情况，以提高公众对项目的信任度和参与度。提出提高项目沟通和透明度的建议，以促进项目的有效实施和社会认可。

8. **项目受益者和利益相关者评价**

分析项目对不同受益者的影响，包括直接受益者和间接受益者。评估项目对利益相关者的影响，包括政府、投资者、社区等。提出优化项目利益分配的建议，以实现更公平和可持续的项目收益。

9. **项目文件和记录管理评价**

审查项目文件和记录的完整性、准确性和合法性，确保项目信息的可靠性和可追溯性。分析项目文件和记录管理的问题和不足，提出改进措施。提出加强项目文件和记录管理的建议，以促进项目的有效管理和历史追溯。

10. **项目后评价结论和建议**

总结项目后评价的结果，提出对项目各方面的综合评价。根据评价结果，提出针对项目的改进措施和建议。提出对类似项目的借鉴意义和参考价值，以促进未来项目的成功实施。

六、在马尔代夫开展工程的其他注意事项

（一）处理与政府和议会的关系

马尔代夫是总统制共和国，总统作为国家元首和政府首脑具有广泛的影响力。总统领导行政部门，领导警察、军队、海岸警卫队、消防队和司法部门。

中资企业要关注马尔代夫政府政策动态，与有关部门保持有效沟通和良好关系，及时反映企业经营遇到的问题，维护好企业的合法权益。

（二）妥善处理与工会的关系

《劳资关系法案》出台后，马尔代夫会涌现出一批工会组织，中资企业需遵守当地工会、行业协会的相关规定，按规定办事。需要注意的是，由于马尔代夫有大量外籍劳工（来自孟加拉国、印度等国），需注意处理好分包队伍中各国籍劳务人员之间的关系，以旅游签证入境者是不可以在当地工作的。

要遵守当地法规，出现意见分歧时，最好双方友好协商在某种程度上达成一致，避免激化矛盾。如果双方不能达成一致，则需要借助当地律师等部门依据当地有关法规与议会谈判，对于我方的合法权益要去维护。

（三）密切与当地居民的关系

中资企业在马尔代夫开展经营活动，要处理好与当地居民的关系。

中资企业要了解马尔代夫的历史和文化，了解与之相随的文化禁忌和文化敏感问题。注重加强与当地居民的沟通联系，尽可能帮助他们解决遇到的困难和问题，要尽可能聘用当地人员参与企业生产，增加当地就业，帮助当地发展，寻求当地人民的理解与支持。

（四）尊重当地风俗习惯

马尔代夫是一个伊斯兰国家，全民信仰伊斯兰教，在饮食和生活习惯上有很多禁忌。中资企业在与当地人交往时，要了解并尊重当地的民风民俗。

避免单独与女士相处或表现过度亲密；斋月期间，白天禁止在当地居民面前吃喝；不能饮酒和吃猪肉；女士穿着不宜过分暴露。

要特别注意尊重当地宗教信仰，注重内外有别，在生活工作等各方面注重与马方沟通，避免因此造成误解和不便。

（五）依法保护生态环境

马尔代夫对环境保护极为重视，制定了专门的法律法规，强调经济、社会和环境的协调和可持续发展。中资企业在当地从事经营活动，要树立绿色环保理念，严格按照马方有关要求，充分考虑环保因素，用实际行动维护好马生态环境。

（六）承担必要的社会责任

中资企业在马尔代夫开展投资合作，既要注重经济效益和企业发展，还要承担必要的社会责任。应十分关注业务发展带来的资源、环境、安全以及社会治理等问题，避免引起当地居民和社团的反感和抵制。

中资企业和工作人员要入乡随俗，知法守法，尊重当地的宗教和风俗习惯，不做违反当地法律和社会公德的事情，维护好国家、企业和中国人的良好形象。

参与公益事业提升企业形象。中资企业要主动承担社会责任，投入一定的人力和资源关注当地民众关心的热点问题，参与公益事业，回馈当地社会，拉近与当地居民的距离。

（七）善于与媒体打交道

中资企业要了解马尔代夫主要的电视、广播和报纸等媒体，尊重记者的职业，学会和媒体打交道，可以通过组织媒体记者对企业进行参观采访，报道项目重大进展等，为企业在当地树立良好形象。

企业在涉及社会敏感问题时，特别是遭遇不公平的舆论压力时，要做好预案或通过公关咨询公司向媒体传播主导性消息，引导当地媒体对事件进行对企业有利的报道。随着现代网络媒体日益发达，应当尤其注意关注相应的网络媒体动态，避免产生网络事件的发酵。

Chapter 6
第六章

马尔代夫投资风险和机会分析

一、马尔代夫整体营商环境

马尔代夫位于印度洋中心，是连接东西方航线的自然枢纽，为国际航运和贸易提供了便利条件。自 2008 年新宪法实施后，马尔代夫政治环境趋稳，多党制的民主政体为国家治理和经济发展提供基础。

在经济政策方面，马尔代夫展现出开放的姿态，通过制定优惠政策、简化审批流程和加强知识产权保护等措施积极吸引外国直接投资。旅游业作为国家经济的支柱产业，不仅对 GDP 贡献巨大，也为外国投资者提供了丰富的商业机会。同时，政府正努力推动经济多元化，减少对单一行业的依赖，尤其在渔业、农业和服务业等领域寻求发展。

马尔代夫积极参与国际合作，通过加入世界贸易组织和南亚自由贸易区，以及与中国等国家签署自由贸易协定，进一步融入全球经济，并致力于打造一个稳定、开放、有竞争力的营商环境，吸引外国投资，促进经济的持续增长和社会发展。

（一）经贸合作情况

1. 经贸协定

1995 年，马尔代夫成为世界贸易组织创始国之一。目前，马尔代夫是世界贸易组织内亚洲发展中国家、G90 和弱小经济体成员之一。

马尔代夫是南亚优惠贸易协定签约国。该协定于 1995 年实施，目的是在成员国间通过相互间贸易关税减让，实现较高水平的贸易自由化和经济合作。

马尔代夫为南亚区域合作联盟（以下简称南盟）成员国。南盟成立于 1985 年，目的是强化该区域经济合作，最大限度地挖掘区域内贸易和发展潜力，造福全体人民。目前，南盟有 8 个成员国和 9 个观察员国，中国是南盟观察员国之一。

2004 年，在巴基斯坦首都伊斯兰堡举行的第 12 届南盟峰会，通过了《南亚自由贸易协定框架条约》，成员国包括不丹、尼泊尔、印度、马尔代夫、孟加拉国、巴基斯坦及斯里兰卡 7 国，该自由贸易协定在 2006 年 1 月 1 日生效。

2006 年，马尔代夫与南盟各成员国签署南亚服务贸易协定。协定为区域内进一步开放该领域制定了基本框架，要求各签约国进一步提升服务贸易水平，并逐步相互开放服务领域。同年，马尔代夫批准实施伊斯兰国家组织间贸易优惠制度框架协议，目的是基于最惠国待遇原则，通过相互间提供贸易优惠待遇以促进贸易增长。这些优惠待遇包括关税及非关税减让，以及其他所有产品的贸易优惠待遇。

2008 年，马尔代夫签署建立南亚区域标准组织协定。该协定旨在标准化和一致性评定方面强化彼此间的协调与合作，以达到在区域内部建立统一标准的目的。与此同时，该协定也致力于为区域内贸易提供便利，以扩大对国际市场出口。

总体而言，马尔代夫经济体量小，发展能力有限，与马尔代夫签订有关贸易优惠安排的国家和地区主要来自其周边，另外还包括与其有密切宗教联系的部分伊斯兰国家。

2. 对外贸易

（1）贸易规模。马尔代夫国内市场狭小，因资源贫乏和产业落后导致对外贸易依存度很高，国家预算主要依赖进口关税收入。由于马尔代夫拥有的原材料很少，因此严重依赖进口石油和制成品，并导致进口量远大于出口量，形成结构性贸易逆差。

根据马尔代夫货币管理局数据，2023 年马尔代夫商品出口总额为 4.2 亿美元，比上年增长了 5%，包括国内出口（38%）和转口（62%）。商品出口的增长主要由转口收益增长推动。在进口方面，2023 年马尔代夫商品进口总额为 35 亿美元，比上年略微下降了 1%。商品进口总额下降主要是因为石油产品（尤其是船用燃料）的进口支出下降了 9%，尽管此类产品的进口数量略有增加，但由于全球原油价格下降，最终导致进口支出减少。在服务贸易方面，作为一个严重依赖旅游业的经济体，服务账户盈余在马尔代夫的经常账户中起着至关重要的作用，然而，2023 年马尔代夫服务账户盈余减少了 3.3 亿美元，总额为 28 亿美元，低于上一年估计的 31 亿美元。相关数据和指标见表 6-1 和表 6-2。

表 6-1　2019—2023 年马尔代夫进出口情况

单位：百万美元

进出口总额	2019 年	2020 年	2021 年	2022 年	2023 年
商品进口	2888	1838	2573	3516	3497
商品出口	361	286	285	400	421
服务进口	1337	740	1092	1589	暂无
服务出口	3381	1529	3699	4696	暂无

资料来源：世界贸易组织（WTO）。

表 6-2　2018—2022 年马尔代夫相关外贸指标

外贸指标	2018 年	2019 年	2020 年	2021 年	2022 年
对外贸易占 GDP 的百分比/%	153.8	147.9	117.8	143.1	暂无
商品贸易差额/百万美元	-2425	-2392	-1451	-2107	-2916
总贸易差额（包括服务贸易）/百万美元	-518	-348	-662	501	191
商品及服务进口年变化百分比/%	12.8	-0.3	-41.1	35.2	暂无
商品及服务出口年变化百分比/%	10.5	6.7	-51.4	89.5	暂无
商品及服务进口占 GDP 的百分比/%	83.7	78.4	68.4	67.8	暂无
商品及服务出口占 GDP 的百分比/%	70.1	69.4	49.4	75.3	暂无

资料来源：世界银行。

注：由于不同组织的统计时间和统计方式存在差异，表 6-1 和表 6-2 可能在数据上有所出入。

（2）主要贸易伙伴。马尔代夫的主要进口市场是亚洲，主要进口来源地包括印度、阿联酋、中国、阿曼、马来西亚等。主要出口目的地包括泰国、德国、法国、英国、意大利和斯里兰卡等。2023 年，亚洲仍是马尔代夫最主要的进出口市场。在进口方面，来自亚洲的进口额占马尔代夫进口总额的 84%，其中来自印度的进口额最高，占比为 16%，其次为阿曼和阿联酋。来自欧洲的进口额占进口总额的 9%，主要进口来源国包括德国、法国和荷兰。出口方面，2023 年马尔代夫对亚洲市场的出口占出口总额的66%，其中泰国为主要出口目的地，占出口总额的54%，高于2022年的49%。欧洲市场是马尔代夫第二大出口市场，2023年占马尔代夫出口总额的31%，其中英国成为马尔代夫在欧洲最大的出口市场，占比14%，其次是德国和法国。

（3）贸易商品结构。马尔代夫国内生产能力有限，所需物资几乎完全依靠进口，主要进口产品包括食品、建筑材料、石油产品、机械产品、电子及家用电器以及运输设备等；主要出口商品为初级加工产品，包括鱼产品及服装等。根据马尔代夫货币管理局2023年数据，鱼产品出口约占全部出口的93%；2023年进口品类中，石油产品进口占比22%，运输设备占比19%，食品占比19%，机械产品占比8%。

3. 吸收外资情况

根据联合国贸易和发展会议（UNCTAD）发布的《2023年世界投资报告》，2022年流入马尔代夫的外国直接投资达到7.22亿美元，与前一年相比增长12.3%。同期末，外国直接投资总额为67.18亿美元，约占该国GDP的108.2%。马尔代夫外国直接投资流量信息见表6-3。

表6-3　2018—2022年马尔代夫吸收外资情况

单位：百万美元

年份	吸收外资流量	吸收外资存量
2018	576	4248
2019	961	5204
2020	441	5552
2021	643	5996
2022	722	6718

资料来源：联合国贸易和发展会议《2023年世界投资报告》。

马尔代夫吸引的外资集中在旅游业、基础设施、交通通信、海水淡化以及银行等领域。除水产品捕捞禁止外国人经营、零售业禁止外国人独资经营外，马尔代夫在其他多数领域对外资开放。马尔代夫政府积极欢迎外资进入其旅游业、基础设施、新能源、金融等领域。2022年，马尔代夫新增24项外国直接投资，包括10个旅游和酒店业的项目、5个建筑业项目、4个可再生能源项目、3个医疗服务项目、1个环境检测服务项目以及1个安全系统维护项目。

4. 外国援助

由于自身能力有限，马尔代夫经济发展对外依赖严重，其中最大援助国包括沙特阿拉伯、阿联酋以及印度。国际货币基金组织、亚洲开发银行、欧洲投资银行等国际金融机构每年对马尔代夫提供数千万美元资金援助，帮助其解决基础发展问题，主要涉及能源、环保和民生等领域。根据世界银行数据，马尔代夫在1960—2021年平均每年收到2819万美元的外国援助和官方发展援助，其中1960年最低（30万美元），2020年最高（3.11亿美元），2021年为1.12亿美元。

（二）竞争力排名

世界银行发布的《2020年营商环境报告》[1] 显示，马尔代夫营商环境便利度在全球190个经济体中排名第147位，各细项排名分别为开办企业（74）、办理施工许可证（63）、获得电力（149）、登记财产（176）、获得信贷（144）、保护少数投资者（147）、纳税（119）、跨境贸易（157）、执行合同（124）、办理破产（141）。

美国传统基金会和《华尔街日报》发布的2024年经济自由度指数，考虑了184个经济体从2022年7月1日到2023年6月30日的经

[1] 2021年9月，世界银行宣布暂停发布《营商环境报告》，将构建新的评估体系来评价各经济体的商业和投资环境，并计划于2024年9月发布第一版。

济政策和状况。其中，马尔代夫的经济自由度排名第 158 位，在亚太地区的 39 个国家和地区中排名第 36 位。经济自由度指数是对四大类别十二项指标进行评估，所有指标总分均为 100 分，马尔代夫在这些指标项上的得分分别为：法治类别下，财产权 49. 4 分，司法效力 44. 5 分，政府诚信 39 分；政府规模类别下，税负 92. 4 分，政府支出 42. 9 分，财政健康 0 分；监管效率类别下，商业自由 49. 4 分，劳动自由 51. 8 分，货币自由 76. 2 分；公开市场类别下，贸易自由 62. 6 分，投资自由 35 分，财务自由 30 分。

透明国际发布的 2023 年清廉指数，根据公共部门的腐败程度对全球 180 个国家和地区进行排名，得分范围为 0（高度腐败）到 100（非常清廉）。马尔代夫 2023 年的得分为 39 分，该得分自 2020 年以来有所下滑；在 180 个国家和地区中的排名为第 93 位。

（三）马尔代夫营商环境分析

1. 营商环境优势

马尔代夫实行经济开放政策，支持外资进入当地市场，政府在优化营商环境方面作出积极努力。马尔代夫营商环境主要优势包括：

（1）地理位置优越。马尔代夫地处印度洋中心，位于东西方交汇处，地理位置优越。在 5 小时的飞行时间内可以到达世界 30 多个主要城市。马尔代夫是欧洲、中东和远东之间运输货物船舶的重要停靠港。通过连接印度洋海上运输路线，马尔代夫具有成为东西方交通枢纽的巨大潜力。

（2）开放的经济政策。马尔代夫致力于为外国投资者创造有利的商业环境，并给予投资者优惠政策。优惠政策包括但不限于：外国投资者可对所投资金额享有 100%的投资权益，无强制合资要求；投资者可享有长达 99 年的土地长租期；无外汇限制；对收入或利润的汇回没有限制；可自由聘用外国管理人员、工程师和非技术工人；在外国形成的仲裁裁决可在马尔代夫获得承认和执行。除以上优惠外，Invest Maldives 投资服务网可以为外国投资者提供“一站式”投资业务服务。

（3）劳动力优势。根据世界银行数据，马尔代夫大部分国民受过良好教育，识字率高达 99.9%。马尔代夫重视本地人才培训和外来人才引入，设立专门培训机构，开展各类培训项目。此外，每年还接受大量外方企业派遣劳务，大约 10 万名外国劳动力在马尔代夫工作。

2. 营商环境劣势

尽管马尔代夫政府在改善营商环境方面作出积极努力，但其在基础设施、法律保护、市场规模等方面的限制难以在短期内大幅改变。其营商环境劣势主要包括：

（1）市场规模有限。虽然马尔代夫在某些特定类型的投资方面（如豪华旅游、可再生能源）具有吸引力，但市场规模的限制可能会抑制更广泛的投资兴趣，特别是对于需要大规模市场支撑的制造业或其他重资产行业。同时，有限的市场空间将加剧企业间的竞争，从而导致企业调整经营策略并可能压缩利润空间。

（2）经济结构单一。由于自然资源和地理条件的特殊性，马尔代夫的经济高度依赖旅游业，尤其是高端度假村和水上活动。市场规模有限加剧了经济对单一行业的依赖，增加了经济的脆弱性。一旦旅游业遭遇外部冲击，如全球经济衰退、自然灾害或疫情等，整个国家的经济都将受到影响，进而影响在马尔代夫企业的经营。

（3）基础设施不足。马尔代夫作为旅游国家，其旅游业相关设施已达到较高水平，但在医疗配套、交通连通性以及能源供应等方面仍有待进一步提升和发展，以支持其社会和经济全面发展。

（4）法律和监管环境不完善。马尔代夫涉及海外投资、贸易、公司、宗教、土地、旅游、就业、环保等领域的相关法律均已出台，法律体系相对健全，但是在其司法体系中存在一定程度的腐败，导致司法效率较低，诉讼成本较高。

3. 马尔代夫政府改善营商环境的措施

近年来，马尔代夫采取了一系列措施，鼓励外商投资、简化相关手续，为投资者提供更加便利的营商环境。

（1）改善法律法规：马尔代夫政府于2020年出台新外商直接投资政策，拓宽了外商投资领域；同年对《公司法》等法律进行修订，为企业提供具体指引，优化营商环境。

（2）简化行政程序：马尔代夫政府通过简化企业注册和审批流程，降低外国投资者的门槛；通过“一站式”投资业务服务，为有意进入马尔代夫市场的外资提供帮助。

（3）提升劳动力素质：马尔代夫于2021年成立了国家技能发展局，提供技术和职业教育及培训服务，以满足劳动力市场需求和个人发展需求。国家技能发展局提供免费的国家学徒计划，旨在为行业创建一批具有国家资格的训练有素的员工。马尔代夫政府还于2022年4月推出学徒、培训和技能提升计划，向受疫情影响的劳动力市场提供能力发展和收入支持。

（4）提升金融服务：马尔代夫货币管理局致力于推动国家向数字支付模式转变，包括鼓励使用电子钱包、移动支付等现代化支付手段，以提升支付系统的效率和便捷性。为建立更加现代化且国际化的金融服务体系，马尔代夫政府采取措施发展金融服务业，于2024年1月宣布决定成立马尔代夫国际金融管理局，并制定旨在促进马尔代夫开发银行成立的立法。

（5）加强国际合作：马尔代夫积极参与“一带一路”等国际合作

倡议，吸引外资参与国家建设。

（四）中马经贸关系

1. 双边协定

中国和马尔代夫两国于 2015 年 2 月启动自由贸易区建设进程，同年底开始首轮谈判，共历经五轮谈判和一次部长级磋商。2017 年 12 月 7 日，中马双方在北京签署协定。协定实施以后，中马两国间 95%以上的货物贸易产品将分阶段实现零关税。与此同时，两国还就金融、医疗、旅游等服务部门作出市场开放承诺。

2. 双边贸易情况

中国与马尔代夫的经贸合作关系始于 1981 年。1982 年，两国恢复直接贸易。两国贸易基本上为中国对马尔代夫出口，自马尔代夫进口较少。据中国海关统计，2023 年中马双边贸易额 7.58 亿美元，同比上涨 75.8%。近年来中马双边贸易情况见表 6-4。

表 6-4 2019—2023 年中马双边贸易情况

年份	进出口额/千美元	中国出口/千美元	中国进口/千美元	累计比上年同期增减/%		
				进出口	出口	进口
2019	381726	348007	33719	-3.9	-12.2	3164.0
2020	280627	274856	5771	-26.5	-21.0	-82.9
2021	411417	407059	4358	46.2	47.6	-24.5
2022	451347	451291	56	10.1	11.3	-98.7
2023	758331	758296	35	75.8	75.8	-37.8

资料来源：中国海关总署。

据中国海关统计，近年来，中国对马尔代夫出口商品主要类别包括：①机械器具及零件；②电机、电气、音像设备及其零附件；③车辆及其零附件（铁道车辆除外）；④针织或钩编的服装及衣着附件；⑤玻璃及其制品；⑥皮革制品、旅行箱包、动物肠线制品；⑦光学、照相、医疗等设备及零附件；⑧家具、寝具等、灯具、活动房；⑨食用蔬菜、根及块茎；⑩玩具、游戏或运动用品及其零附件。

中国从马尔代夫进口商品主要类别包括：①针织或钩编的服装及衣着附件；②非针织或非钩编的服装及衣着附件；③其他纺织制品、成套物品、旧纺织品；④艺术品、收藏品及古物。

3. 中国对马投资

中国对马尔代夫的投资合作广泛而深入，覆盖了基础设施、旅游业、住房项目、能源、渔业、农业以及数字经济等多个领域。《2022年度中国对外直接投资统计公报》数据显示，2022年中国对马尔代夫直接投资流量为-335万美元，同期末投资总额为6335万美元。近年来中国对马尔代夫投资情况见表6-5。

表6-5 2018—2022年中国对马尔代夫投资情况

单位：万美元

指标	2018年	2019年	2020年	2021年	2022年
投资流量	-155	694	-2142	2309	-335
投资存量	7477	8247	4398	7204	6335

资料来源：《2022年度中国对外直接投资统计公报》。

4. 承包工程

在"一带一路"倡议下，特别是2014年习近平主席成功访问马尔代夫以来，两国在基础设施、住房建设等领域合作深入发展。据中国商务部统计，2022年中国企业在马尔代夫新签合同额5.7亿美元，完成营业额2.8亿美元。

在马尔代夫的中资企业中，除少数民营企业投资马尔代夫旅游设施项目外，其余企业基本上从事工程承包项目，主要涉及住房建设、能源及辅助设施建设、机场设施建设等。其中大型工程承包项目包括北京城建集团承担的首都维纳拉国际机场改扩建项目（合同金额 3.4 亿美元）、中国交通建设集团有限公司分包的维娜拉国际机场航站楼项目（合同金额 2.5 亿美元）、中国机械设备工程股份有限公司承建的胡鲁马累二期岛 1500 套住房项目（合同金额 1.87 亿美元）以及中国水利电力对外有限公司承建的 1700 套住房项目（合同金额 1.33 亿美元）等。这些项目大多采用建设工程项目总承包（EPC）方式。

二、马尔代夫投资风险分析

中马两地在政治体制、经济情况、法律法规以及社会习俗等诸多方面存在差异，中资企业在赴马尔代夫投资过程中需要对相关投资风险进行识别和防范。以下从政治风险、经济风险、法律风险、社会风险等方面进行分析。

（一）政治风险

政治风险是指由于东道国内部政治、社会、法律等因素在当地或国际环境的影响下发生了难以预料的重大变动从而导致投资国企业的利润或经营目标无法持续的可能性。对于该类风险一般的防范措施为：特许权协议必须得到东道国政府的正式批准，并对项目付款义务提供担保；向国家出口信用保险公司投保政治保险。

在马尔代夫投资建设企业可能面临的政治风险主要体现在以下几个方面。

1. **政治稳定性风险**

马尔代夫为总统制国家，但民主制度历史并不长，2008 年新宪法实施以来，至今经历过四次总统选举，尚无总统连任，处于民主政治的初级阶段，政治稳定性薄弱。2012 年，马尔代夫政局动荡，最终导致时任总统穆罕默德·纳希德辞职。2013 年 9 月之后，马尔代夫举行了新一轮总统大选，并选举出新一任总统和政府。任期内，马尔代夫于 2018 年 2 月陷入政治危机，并进入 15 日的紧急状态。中国、美国、印度等国对公民赴马尔代夫发布安全提醒，严重影响了马尔代夫旅游业。2012 年马尔代夫发生军事哗变。2023 年马尔代夫总统选举相对平稳过渡，但该国的政治转型和稳定执政仍充满巨大挑战和不确定性。

2. **政策变动风险**

马尔代夫不同政党之间在执政理念和政策偏好方面存在巨大分歧，同时由于该国政治稳定性较差，导致在政府换届之后时常出现政策转向的情况，比如在 2018 年政府换届之后，马尔代夫在外交上向印度及西方国家倾斜，而 2023 年上任的现任总统穆伊兹及其所在的进步大会联盟表现出远离印度的政策趋势。

2024 年 1 月，中马关系提升为全面战略合作伙伴关系。两国签署关于构建中马全面战略合作伙伴关系行动计划以及共建“一带一路”、灾害管理、经济技术、蓝色经济、数字经济、绿色发展、基础设施和民生等领域多项双边合作文件。中马全面战略合作伙伴关系的确立为中国企业在马尔代夫的投资创造了有利条件，会吸引更多的中国资本流向马尔代夫，特别是在基础设施、旅游、数字经济和绿色经济等领域。

点评：

中国与马尔代夫在“一带一路”倡议下的合作持续推进。基础设施项目如桥梁、发电站、住宅项目等的建设和完成，显示了中马合作在特定领域的韧性。升级后的伙伴关系将为中国的投资者提供一个更加稳定和友好的政策环境，减少投资风险，增加投资信心。双边合作文件的签署意味着政府层面的支持和保障，有助于解决投资中的法律、税务等问题，简化投资流程。

3. **地缘政治风险**

中国与马尔代夫有着深远的历史友谊。马尔代夫是“一带一路”在南亚印度洋上的一个重要支点，有着重要的战略地位。但受地缘政治的影响，马尔代夫外交上可能会向印度及西方国家倾斜。

在马尔代夫前总统亚明执政时期（2013 年 11 月至 2018 年 11 月），马尔代夫政府坚持推行对华友好政策，两国合作取得多项积极成果。2017 年 12 月，中马两国签署了政府间共同推进“一带一路”建设谅解备忘录和双边自由贸易协定。相比之下，印度与马尔代夫的外交关系则出现了危机。2018 年 6 月，马尔代夫要求印度撤走两架部署在马尔代夫的搜救直升机，同时拒绝向操控两架直升机的印军人员发放签证。

2018 年 9 月总统亚明在大选中失利，奉行“印度优先”政策的马尔代夫民主党候选人易卜拉欣·穆罕默德·萨利赫赢得大选。此后，印度开始逐步恢复对马尔代夫的影响力，重新对阿杜环礁进行军事部署。2020 年 1 月马尔代夫外长阿卜杜拉·沙希德在接受中国香港《南华早报》采访时表示，马尔代夫将印度描述为一个“特殊”的朋友，称马尔代夫和印度具有“共同的需求和相同的安全隐患”。同时，萨利赫政府在执政期间推行政治改革，一方面是出于继续本国宪政改革推动马尔代夫政治现代化的目的，另一方面也迎合了印度与美英欧等域内外大国的价值观，从而获得域内外大国对马尔代夫的援助与支持。

2023 年当选总统穆罕默德·穆伊兹在对中国和印度的立场上与前任政府存在差异，倾向于推动与中国建立更密切的关系，中马两国关系有望进一步发展，但在马尔代夫的中资企业仍应关注地缘政治对当地投资建设可能带来的影响。

4. **政府主权危机**

国际著名评级机构穆迪投资服务有限公司在 2021 年 8 月发布的马尔代夫主权评级中认为，马尔代夫政府面临内部和外部的双重压力，国内经济结构单一以及大规模基础设施建设所引发的政府负债将使流动性危机和外部脆弱性风险更为突出。

亚明政府积极实施债务刺激型经济建设，马尔代夫的基础设施建设有了较大发展，但是也因此背负了沉重的外债负担。2023 年马尔代夫公共债务高达 80 亿美元，相当于 GDP 的 122.9%。凭借国家主权担保在国际金融市场难以获得融资。

2024 年 6 月 26 日，国际三大信用评级机构之一惠誉国际信用评级有限公司将马尔代夫主权评级下调至 CCC，以反映其外汇储备持续萎缩带来的主权债务违约风险。这一评级反映了马尔代夫严重的外部融资和流动性问题，意味着该国可能难以履行其外币债务义务，即存在较高的违约风险。2024 年 6 月 26 日，国际评级机构标准普尔对马尔代夫主权信用评级调整为 CCC+，标准普尔同时给出了积极的整体经济形势评估，这可能是因为他们看到了某些积极的经济动态或者潜在的改善措施，即使主权债务风险依然显著。马尔代夫需要采取紧急措施来稳定其外汇储备，改善其财政健康状况，并恢复投资者信心，否则其经济状况可能会继续恶化。政府可能需要考虑寻求国际援助，实施财政紧缩政策，或促进经济增长和吸引外国直接投资。

马尔代夫政府鼓励企业通过 BOT 及直接投资承揽项目，预计将来有更多项目将通过投资方式进行招标。由于新冠疫情的影响，马尔代夫未来几年都将处于经济恢复期，规模较大的项目大多将采用承包商投资方式，但政府可能无法出具主权担保。

点评：

在马尔代夫政府无法提供主权担保的情况下，中资企业在投资建设过程中应采取合适的措施尽可能降低投资风险，包括：

（1）项目前期进行全面的市场调研，包括政治稳定性、经济状况、法律框架和监管环境的评估。利用国际评级机构的主权评级、经济预测报告及专业咨询公司的服务，为决策提供依据。

（2）通过购买政治风险保险、商业信用保险等，将特定风险转移给保险公司，减轻潜在的经济损失。

（3）严格遵守当地法律法规，了解并尊重投资目的地的文化习俗，建立良好的公共关系。与当地企业合作或合资，利用合作伙伴的本土经验，减少市场进入壁垒，同时增强项目在当地的接受度和成功率。

（4）建立一套完善的风险监测和预警系统，对宏观经济、政策变化、市场动态等进行持续跟踪，确保能在风险初现时迅速反应。同时制定明确的退出机制和应急计划，以便在项目不达预期或环境恶化时，能够及时调整策略，减少损失。

5. 政府腐败风险

在透明国际清廉指数调查中，马尔代夫被列为极端腐败国家，政治腐败情况严重。在对马尔代夫投资过程中，外资往往不得不遵从向政府部门行贿的潜规则，这种寻租成本加大了跨国投资者的经营成本和投资风险。

[**案例** 6-1]

按照马尔代夫 2008 年宪法相关规定，总统、内阁部长和议员每年须向审计总长提交一份“关于其所有财产和资金、商业利益以及所有资产和负债的声明”。尽管有宪法的规定，但前总统亚明执政时期，其本人、内阁成员和大多数议员都没有向公众公开其个人财务信息。更为严重的是，亚明执政时期还多次爆发腐败大案。2015 年，亚明总统的助手、前议会副议长艾罕默德·纳兹姆被发现贪污 91.4 万美元；2016 年，又因审讯前副总统艾罕默德·阿迪卜担任旅游部长期间的贪腐案牵涉出马尔代夫历史上最大规模的腐败案，很多议员与高官均卷入其中，甚至都牵涉到亚明本人，涉案金额更是高达 7900 万美元。

（二）经济风险

经济风险是指项目施工方可能受到的项目所在国的总体经济形势和经济实力方面的不利影响。

在马尔代夫投资建设企业可能面临的经济风险主要体现在以下几个方面：

1. 经济环境风险

近 40 年来，马尔代夫旅游业发展迅速，经济一直保持较快增长，年均 GDP 增速达 7%以上。但这种对旅游业的严重依赖也使马尔代夫极易受到外部经济变化的冲击。

近年来受自然灾害、国际金融危机、本国政局动荡等因素影响，马尔代夫经济增长放缓，经济波动较大。2020 年新冠疫情席卷全球，马尔代夫经济主要依赖旅游业，遭受了巨大冲击，其 GDP 在 2020 年收缩了 32.9%，而后在 2021 年全球旅行限制放松后反弹了 37.7%，并在 2022 年和 2023 年进一步增长了 13.9%和 8.7%。

马尔代夫作为一个群岛国家，当地资源有限，尤其在能源方面严重依赖进口。全球能源价格高企，以及旷日持久的局部冲突，都可能对该国经济发展造成负面影响。

中资企业在马尔代夫进行投资建设，需要密切关注这些宏观经济动态，评估短期波动与长期趋势，灵活调整投资策略，以抵御经济环境变化带来的风险。

2. 汇率风险

马尔代夫当地货币是卢菲亚，多年来卢菲亚汇率走势平稳，但由于受新冠疫情的影响，马尔代夫外汇储备严重不足。马尔代夫的外汇储备从 2024 年 4 月的 6.15 亿美元降至 2024 年 5 月的约 4.92 亿美元。这也就意味着外资企业几乎不可能按官方汇率将卢菲亚兑换成美元，卢菲亚现汇项目存在较大的换汇风险。

点评：

面对马尔代夫外汇储备不足的情况，中资企业在货币兑换和管理汇率风险时可以考虑以下措施：

（1）提前规划货币需求：准确预测业务运营中的美元需求，并尽早安排兑换，减少对即时市场兑换的依赖。

（2）使用外汇远期合约：通过与银行签订远期外汇合约，锁定未来的兑换汇率，即使未来官方汇率变动或外汇市场紧张，也能确保按预定汇率兑换。

（3）多元化支付方式：尽量在交易中使用或要求使用美元或其他硬通货结算，减少对当地货币卢菲亚的持有和兑换需求。

（4）本地采购与结算：增加本地采购比例，使用卢菲亚支付，减少对外汇的需求。同时，鼓励本地供货商也以卢菲亚结算，实现货币自然对冲。

（5）建立外汇储备池：在外汇供应相对充裕时，逐步积累外汇储备，为未来可能出现的兑换困难做准备。

（6）使用跨境支付解决方案：利用国际支付平台或银行的跨境支付服务，这些平台可能有更灵活的货币兑换渠道和更好的汇率。

3. 外汇管制风险

马尔代夫无外汇管制，任何数额的资金，包括外资投资分红等都可以无限制地汇入和汇出马尔代夫。但因外汇短缺，除经马尔代夫政府授权的少数公司可在银行以官方汇率兑换美元外，其他公司在金融系统兑换美元比较困难。

4. 通货膨胀风险

马尔代夫作为一个高度开放的小型经济体，进口依赖度较高，全球通货膨胀压力或本地需求过热都可能推高物价水平，增加企业运营成本，如原材料、劳动力和租金等成本上升，压缩利润空间。

马尔代夫的年度通货膨胀率曾在2012年达到10.9%的峰值，随后整体呈下降趋势。近年来在全球大宗商品价格急剧上涨背景下，马尔代夫面临着巨大的外部和通货膨胀压力。鉴于政府全面提供补贴以帮助遏制国内价格上涨，马尔代夫近年来通货膨胀情况虽然有所波动，但整体保持平稳，2023年马尔代夫全年通货膨胀率为2.9%。但与此同时，补贴支出对公共财政造成压力。马尔代夫财政部在2023年底提交的国家预算中对补贴方式进行了根本性的改变，计划由对电力、燃料、基本商品和服务等广泛的间接补贴转为更具针对性的补贴，以提高政府补贴的有效性和公平性。相关政策计划从2024年7月开始生效，并可能导致马尔代夫中期通货膨胀率上升。

对于在马尔代夫进行投资建设的企业而言，需要密切关注通货膨胀动态，做好成本控制，选择适当的融资策略，并考虑在合同中加入通货膨胀联动条款以减轻风险。同时，深入分析市场需求和政策导向，灵活调整投资策略，以确保项目在不利经济环境下的稳健运行。

（三）法律风险

法律风险主要指涉及土地法、税法、劳动法、环保法、合同法、招标投标法等法律法规的更改和变化所引起的项目成本增加或收入减少等风险。对于该类风险一般的防范措施，如明确因违约、歧义、争端的仲裁在双方都认可的第三国进行。

在马尔代夫投资建设企业可能面临的法律风险主要体现在以下几个方面。

1. 法律合规风险

马尔代夫法律制度是基于伊斯兰教法和英国普通法的混合体，法律体系相对健全，涉及海外投资、贸易、公司、宗教、土地、旅游、就业、环保等相关法律均已出台，但政府信息公开程度有限，相关法律法规往往只用当地语言显示，这也对进一步深入了解相关信息造成了很大的困难。马尔代夫相关法律法规具体内容详见本书第四章“马尔代夫有关法律规定”。

点评：

合规是对中资企业开展境外经营最基本、也是最根本的要求。我国企业应合法合规合理地开展业务，切勿“走捷径”“打擦边球”。不然不仅会被所在国纳入“黑名单”，遭受经济和法律的制裁，还会给整体国家形象带来不良的影响。

2. 法律变更风险

马尔代夫政府为吸引和保护外国投资，不断修订相关法律法规，这既包括对外国直接投资的开放，也可能涉及对特定行业或项目的限制调整。这些政策变化直接关系到中国投资者的决策和项目实施。

点评：

中资企业在进入马尔代夫之前，需要对其法律环境进行全面的了解，最好聘请当地律师或有相关经验的专业人士作为公司法律顾问。另外，应加强项目法律部门人员对马尔代夫法律制度的学习，建立相应的法律知识信息系统，并及时关注相关领域法律法规修订情况。

3. **司法独立风险**

2008 年马尔代夫宪法规定了三权分立原则，但实质上，2008 年以来，民选政府并未完全、切实地尊重与捍卫司法权的独立；同时，最高法院也经常扮演侵蚀行政权的角色。马尔代夫的司法体系在独立性和公正性方面受到严重挑战，这可能会打击外资企业在该国的投资信心，尤其是在与当地政府合作方面。

4. **税收法律风险**

一方面，中国与马尔代夫的税收制度存在较大差异，中国企业的税制主要有 28 个税种，而马尔代夫的税种较少，集中在商品服务税和企业所得税两个税种。税制的不同使企业进行纳税时会产生困惑，适应了中国的税收制度，对马尔代夫各税种缺乏认识，容易给企业带来经济损失。

另一方面，由于中国和马尔代夫没有签订税收协定，当中国和马尔代夫分别使用两种不同的税收管辖权时，就会对跨国企业的同一经营业务进行重复征税，加重企业的税收负担。例如注册地在马尔代夫的公司因其实质经营管理场所位于中国而被认定为中国的居民企业，从而缴纳中国企业所得税。若同时该公司已在马尔代夫缴纳所得税，则构成了双重征税。

点评：

中资企业在马尔代夫投资，应对当地的税法要求、征税规定、税收优惠政策进行充分了解，并按规定进行纳税申报。未合法合规履行纳税申报义务，将会面临罚款、追征利息等法律责任。鉴于国际税务规划复杂且不断变化，企业可以考虑聘请具有国际税务经验的专业顾问，制定个性化的税务策略，以最大限度地减少税务违规和双重征税的风险。

5. 环境保护风险

马尔代夫以旅游业为主要产业，生态环境优越但脆弱，为此马尔代夫制定了极其严格的环保法律法规，强调经济、社会和环境的协调和可持续发展。在马尔代夫开展工程项目，施工对环境的影响被尤为重视，所有施工项目都需要提交环境影响评价报告，并获得环评批准。中资企业在当地从事经营活动，要树立绿色环保理念，严格按照马方有关要求，充分考虑环保因素，用实际行动维护好当地生态环境。

（四）社会风险

社会风险主要指所在国的社会文化环境、基础设施建设、治安安全、医疗卫生等可能给企业和个人带来财产及人身方面损害的影响因素。

在马尔代夫投资建设企业可能面临的社会风险主要体现在以下几个方面：

1. 建筑资源匮乏

马尔代夫资源短缺，高度依赖进口来满足其建设和生活物资的需求，这对参与其建筑市场的企业构成了显著挑战。由于几乎所有生产和生活资源都需从国外引进，企业不仅要承担较高的进口成本，还面临着复杂的物流问题，尤其是当项目位于偏远岛屿时，依赖水上运输进一步推高了费用。

马尔代夫工程所需的设备与建筑材料几乎全部源自进口，通常采购自中国或邻近国家。这一过程涉及长时间的采购周期、等待业主审批，以及受航运安排不固定和天气条件影响的海上运输，使得从采购到发货的每一个环节都充满变数。加之，运输路线易受季节性气候干扰，进一步加剧了供应链管理的复杂度和不确定性，要求企业具备高度的资源规划、管理和协调能力，以克服这些障碍。

点评：

马尔代夫极度依赖进口和海上物流，物流成本高昂，远超许多国内项目的常规水平。中资企业应当深入分析马尔代夫特定的物流供应链现状，考虑诸如运输周期长、货物装卸复杂、天气因素干扰频繁等变量，确保投资评估的精确性，从而作出更加明智和可持续的投资判断。

2. 劳动力限制

马尔代夫是旅游国家，人口稀少，劳动力资源稀缺，劳动力主要从中国、孟加拉国、斯里兰卡、菲律宾、尼泊尔等国家输入。企业必须确保所有雇员都持有有效的工作签证，否则可能面临法律处罚，包括罚款和业务运营受限。使用外籍劳动力，企业还面临着一系列的风险和挑战，主要源于政府审批和签证办理过程中的不确定性和延迟。部分劳务签证的审批周期可能长达 1~3 个月，这可能导致企业无法迅速响应项目需求，特别是在项目高峰期。而长期等待签证审批可能导致额外的招聘成本、行政成本以及可能的项目延误成本。

3. 文化及语言差异

马尔代夫人民淳朴热情，但由于马尔代夫人信仰伊斯兰教，在饮食和生活习惯上有很多禁忌。中资企业应当格外注意尊重当地的民风民俗，要了解马尔代夫的历史和文化，了解与之相随的文化禁忌和文化敏感问题，避免因此造成误解和不便。

马尔代夫的民族语言和官方语言是迪维希语，尽管当地也经常用英语交流，但该国法律多用当地语写成，大部分没有英文版本。在涉及专业术语和复杂商务条款时，不同语言下的文化背景和表达习惯不同可能导致信息传达不准确或意图被误解。中资企业在马尔代夫投资建设过程中，可以考虑与当地法律顾问或专业翻译合作，确保所有专业文件和交流的准确性，同时利用他们的专业知识来更好地理解和适应当地文化和商业习惯。

4. 施工环境限制

马尔代夫以其热带气候闻名，高温伴随高湿度，加之海域广阔，海水盐分含量高，这些自然条件对建筑材料与施工设备具有极强的腐蚀性。同时，由于地理空间受限，施工场地往往局促，给工程项目的实施带来了额外的挑战。因此，中资企业在涉足马尔代夫的工程项目时，必须详尽考量这些自然与环境因素，通过科学严谨的评估，定制出针对性的应对策略，比如采用耐腐蚀材料，优化施工流程，以及合理规划有限的空间资源等。

5. 市场竞争风险

马尔代夫经济体量有限，人口少且分布在众多环礁岛屿上，国内的消费市场和基础设施建设市场发展受到制约，导致建筑市场容量有限。政府发包的工程项目合同额普遍较小（单个项目普遍低于 500 万美元），每年马尔代夫建筑市场合同总额约 2 亿~3 亿美元左右。

本土建筑企业是中资企业在现汇类项目上的主要竞争对手，这些企业技术水平及施工工艺较为落后，但施工成本较低，在小型房屋建筑和基础设施类项目上竞争力较强。其他来自土耳其、印度、斯里兰卡、沙特、荷兰等的建筑企业与中资企业的竞争主要集中在有一定施工难度、中等规模以上的现汇项目，其中印度及斯里兰卡企业具有一定的成本优势，土耳其和荷兰企业有一定的技术能力，印度及沙特企业可为项目提供融资支持。

较多中资建筑企业通过协助业主融资承揽项目或参与中国优惠性质贷款类项目和中国援建类项目，如中国建筑集团有限公司、中国交通建设集团有限公司、北京城建集团、中国东方电气集团有限公司、湖南省第六工程有限公司、中国机械工业集团等。目前在马尔代夫市场的中资建筑企业较多，竞争激烈。

6. 卫生与安全风险

马尔代夫总体卫生环境良好，由于属热带地区，存在登革热等病虫媒介传染病的风险，在马尔代夫人员需采取相关预防措施以防止蚊虫叮咬。

马尔代夫社会秩序总体良好，刑事犯罪不多。首都马累及其他居民岛偶有街头政治集会或游行。马尔代夫较少发生战争或恐怖主义袭击。但受极端穆斯林宗教主义思想的影响，马尔代夫仍存在一些宗教极端分子。中资企业在马尔代夫应严格遵守依法合规经营，同时避免参与政治和宗教相关活动。

三、马尔代夫未来发展预测与投资机会分析

（一）政治前景

2023年9月，马尔代夫举行总统大选，进步大会联盟候选人穆罕默德·穆伊兹当选为马尔代夫第八任总统，2023年11月宣誓就任，并组建新一届政府，预示着马尔代夫政治格局和国内外政策的重大转变。

外交政策方面，穆伊兹在竞选时即提出将确保马尔代夫没有任何外国军事存在，以维护国家独立和主权，并在就任次日要求印方从马撤出军事人员。上任后，穆伊兹决定对中国进行首次国事访问，打破了以往上任总统先访问印度的传统，标志着其外交政策的转向。2024年1月8日至12日穆伊兹对中国进行国事访问期间，两国元首宣布，将中马关系提升为全面战略合作伙伴关系，推动两国关系迈上新台阶，并签署多项关键协议，包括关于构建中马全面战略合作伙伴关系行动计划以及共建“一带一路”、灾害管理、经济技术、蓝色经济、数字经济、绿色发展、基础设施和民生等领域多项双边合作文件。预计未来马尔代夫将进一步参与共建“一带一路”项目对接，并扩大中国与马尔代夫之间的贸易规模，同时平衡在中国和印度之间的关系。

在国家治理上，穆伊兹采取了一种更具包容性的“国家发展方法”，声称马尔代夫太小，无法“卷入大国之间的所谓地缘政治斗争”，并承诺与所有国家合作，专注于相互信任和利益，以获取来自外国伙伴的援助，保持其发展道路。如果穆伊兹政府的内政和外交事务能持续尊重马尔代夫的国家安全、主权和人民权利，那么该政府将继续保持公众支持。

经济政策方面，相比于前任政府强调反腐败和经济交易的透明度，穆伊兹政府可能会专注于吸引更多的外国投资，丰富发展多元旅游业态，并推动经济改革。

（二）经济预测

根据世界银行在2024年5月发布的马尔代夫最新发展报告，2023年，前往马尔代夫的游客人数达到188万人次的历史新高，同比增长12%，但人均支出下降和平均停留时间的减少导致无法带来更高的GDP增长。得益于维拉纳国际机场建成所带来的游客人数增加，世界银行预计马尔代夫2024年实际GDP增长率为4.7%，2025年为5.2%。此外，由于计划内的补贴改革，预计2024年马尔代夫通货膨胀率将上升至7.5%。

新冠疫情以来，马尔代夫政府的经常性支出和资本性支出迅速增加，财政和经常账户赤字扩大，同时由于对主要消费项目（包括燃料、电力和食品）维持一揽子补贴政策，政府持续面临支出压力。为支持大型公共部门投资计划的完成，进口支出快速增长，进一步加剧了财政和经常账户余额压力。自2022年底以来，截至2024年2月，马尔代夫外汇储备下降了34.9%，为5.418亿美元，仅可覆盖1.8个月的进口费用。世界银行预计，马尔代夫2024年的经常账户余额将占GDP的-19.4%，2025年为-18.0%；2024年财政赤字将占GDP的-12.2%，2025年为-11.0%。

2023年马尔代夫公共债务高达80亿美元，相当于GDP的122.9%。如果没有全面的财政调整计划，公共债务可能会进一步上升，从而带来债务可持续性风险，并可能导致进一步的外部脆弱性。世界银行预计马尔代夫2024年和2025年的平均年度偿债需求为5.12

亿美元，预计债务占 GDP 的比例分别为 122.1%和 119.7%。

自 2023 年底以来，马尔代夫政府宣布了一项本土财政改革议程，包括实现税基多元化、改善税收制度、建立更好的投资管理框架、降低促进增长的投资成本等，以实现更好的财政平衡和应对外部冲击的能力。这将对维持马尔代夫经济增长起到至关重要的作用。

（三）投资机会

中马传统友好，关系源远流长，特别是 2014 年 9 月国家主席习近平对马尔代夫进行正式国事访问之后，中马各领域合作迅速升温，两国关系进入发展新阶段。近年来，中马经贸合作发展顺利，两国在投资和工程承包等领域的合作也不断取得新的成绩。2024 年中马两国关系进一步提升为全面战略合作伙伴关系，双边合作规模和合作领域有望进一步扩大。

中资企业在马尔代夫投资时可以考虑以下几个投资领域：

1. 旅游业

优越的地理位置、辽阔的海域、美丽的海岛、独特的岛国风光为马尔代夫的旅游业提供了得天独厚的条件。目前，尚有 800 多个无人岛有待开发。度假胜地的发展和管理、旅游活动的开展，以及陆地和海上运输、酒店餐饮等旅游相关行业市场广阔，是马尔代夫吸引外资的重要领域之一。

2. 渔业

马尔代夫，一个陆地仅占 1%的印度洋岛国，其 99%的国土为海洋，渔业成为经济支柱。几乎每个有人居住的岛屿都依赖渔业，它不仅是最大就业来源，也是主要的实物出口产业。2023 年，鱼类及渔业产品贡献了约 93%的出口额。

马尔代夫的金枪鱼渔业，以其可持续性闻名世界。为了进一步发展，政府正积极推动海水养殖，尤其是针对高价值出口品种如海参和孵化水生生物，旨在吸引外资并减轻对野生渔业资源的压力。

马尔代夫政府寻求拓展国际渔业市场，目前，半数以上的鲣鱼销往泰国加工，而黄鳍金枪鱼的出口市场较为单一。因此，投资建设渔业综合体，包括罐头厂、冷藏设施和黄鳍金枪鱼加工中心，以及建立新鲜黄鳍金枪鱼和金枪鱼罐头的国际贸易联系，成为吸引外国投资者的机遇所在。

3. 交通运输业

船舶为马尔代夫的主要交通工具，其他交通方式相对落后。随着经济的发展，环礁运输服务及燃料补给技术、马累商业转运港建设及扩展、国际机场建设及运营等项目提上日程，交通运输方式的多元化发展增加了对外资的需求。

马尔代夫的战略位置使其成为国际和地区造船业的潜在中心，政府鼓励外国投资者参与造船设施和干船坞的建设，以满足国内和区域市场需求；作为著名旅游目的地，马尔代夫计划开发邮轮码头，吸引外国投资，提升其作为印度洋游轮停靠港的地位；政府正与国际伙伴合作，开发和升级航空运输基础设施，包括新建和改进国内机场，以及可能设立新的国际机场，以适应增长的旅行需求。

4. 可再生能源行业

马尔代夫能源主要依赖进口，供应紧张，开发太阳能、风能、生物能等新能源势在必行。对可再生能源基础设施的投资包括屋顶太阳能光伏，废物转化能源，以及小型屋顶风力涡轮机。科技创新包括引入浮动光伏平台、海洋能源（潮汐、海浪和海洋热能），以及利用氢和燃料电池技术储存能源。政府正尝试采用 BOT 方式，分阶段招标以吸引外资投入进行新能源开发。

5. 其他项目

随着经济发展计划的推进，填海造陆、污水处理、跨海大桥建设等项目正逐步投入运营，为外资提供了较为广阔的投资空间；娱乐、传媒、数字经济、医疗设施、住宅基础建设等发展空间较大的领域也对外资开放。

Chapter 7

第七章

工程建设企业合规管理体系建立指南

一、合规管理的内部环境

合规管理是一种风险管理活动，是境外施工企业对业务活动是否遵守所在国（地区）法律、法规、规定、规则、行业自律等的一种鉴证行为。

合规管理的内部环境是其他所有风险管理要素的基础，为其他要素提供规则和结构。内部环境的要素包括：合规管理的目标和基本原则，企业文化和公司战略，管理层的理念和经营风格，公司组织架构及其岗位职责，员工的诚信、道德价值观和胜任能力。

（一）合规管理的目标

建立健全合规风险管理体系，实现合规风险的有效识别和管理，促使境外施工企业全面风险管理体系的建设，确保企业依法合规经营。

（二）合规管理的基本原则

一是客观性原则。合规人员应当依照相关法律、法规对违规事实进行客观评价。

二是独立性原则。合规部门在企业中应当有独立地位，合规管理应当独立于其他各项业务经营活动。

三是专业性原则。合规人员应当熟悉公司业务制度，了解公司内各业务环节的专业知识和业务流程，并准确理解和把握法律法规的规定和变动趋势。

四是公正性原则。合规人员在对业务部门进行检查时，应当坚持统一标准对违规行为及相关风险进行评估和报告。

五是协调性原则。合规人员应当正确处理与公司其他部门及监管部门的关系，努力形成公司的合规合力，避免内部损耗。

六是全面性原则。企业合规管理应覆盖所有境外业务领域、部门和员工，贯穿决策、执行、监督、反馈等各个环节，体现于决策机制、内部控制、业务流程等各个方面。

二、合规管理机构的设置及职责

（一）合规管理机构的设置

企业可根据业务性质、地域范围、监管要求等设置相应的合规管理机构。合规管理机构一般由合规委员会、合规负责人和合规管理部门组成。尚不具备条件设立专门合规管理机构的企业，可由相关部门（如法律事务部门、风险防控部门等）履行合规管理职责，同时明确合规负责人。

1. 合规委员会

企业可结合实际设立合规委员会，作为企业合规管理体系的最高负责机构。合规委员会一般应履行以下合规职责：

第一，确认合规管理战略，明确合规管理目标。

第二，建立和完善企业合规管理体系，审批合规管理制度、程序和重大合规风险管理方案。

第三，听取合规管理工作汇报，指导、监督、评价合规管理工作。

2. 合规负责人

企业可结合实际任命专职的首席合规官，也可由法律事务负责人或风险防控负责人等担任合规负责人。首席合规官或合规负责人是企业合规管理工作具体实施的负责人和日常监督者，不应分管与合规管理相冲突的部门。首席合规官或合规负责人一般应履行以下合规职责：

一是贯彻执行企业决策层对合规管理工作的各项要求，全面负责企业的合规管理工作。

二是协调合规管理与企业各项业务之间的关系，监督合规管理执行情况，及时解决合规管理中出现的重大问题。

三是领导合规管理部门，加强合规管理队伍建设，做好人员选聘培养，监督合规管理部门认真有效地开展工作。

3. **合规管理部门**

企业可结合实际设置专职的合规管理部门，或者由具有合规管理职能的相关部门承担合规管理职责。合规管理部门一般应履行以下合规职责：

第一，持续关注我国及业务所涉国家（地区）法律法规、监管要求和国际规则的最新发展，及时提供合规建议。

第二，制定企业的合规管理制度和年度合规管理计划，并推动其贯彻落实。

第三，审查评价企业规章制度和业务流程的合规性，组织、协调和监督各业务部门对规章制度和业务流程进行梳理和修订。

第四，组织或协助业务部门、人事部门开展合规培训，并向员工提供合规咨询。

第五，积极主动识别和评估与企业境外经营相关的合规风险，并监管与供应商、代理商、分包商、咨询顾问和承包商等第三方相关的合规风险。为新业务的开发提供必要的合规性审查和测试，识别和评估新业务的拓展、新客户关系的建立以及客户关系发生重大变化等所产生的合规风险，并制定应对措施。

第六，实施充分且具有代表性的合规风险评估和测试，查找规章制度和业务流程存在的缺陷，并进行相应的调查。对已发生的合规风险或合规测试发现的合规缺陷，应提出整改意见并监督有关部门进行整改。

第七，针对合规举报信息制定调查方案并开展调查。

第八，推动将合规责任纳入岗位职责和员工绩效管理流程。建立合规绩效指标，监控和衡量合规绩效，识别改进需求。

第九，建立合规报告和记录的台账，制定合规资料管理流程。

第十，建立并保持与境内外监管机构日常的工作联系，跟踪和评估监管意见和监管要求的落实情况。

（二）合规管理部门的设置方式

合规管理部门是负责施工企业合规工作的具体组织和执行部门，依照所规定的职责、权限、方法和程序独立开展工作，负责公司各部门和全体员工的合规管理工作，合规管理部门对公司高层负责。

合规管理部门人员应具备较高的思想素质和法制观念，坚持原则、忠于职守、廉洁奉公、公正无私，并具备相应的专业知识。合规管理部门必须制定相应的人员岗位责任制，明确任务，落实责任。合规管理部门工作人员同样应遵守公司各种规章制度和规定。合规管理部门依据国家及有关部门的法律法规、公司章程、公司内部管理制度和承包合同，在所赋予的权限内，按照所规定的程序和方法，对行为对象进行客观公正的检查监督并提出处理建议。

合规管理部门的设置有如下几种类型（见表 7-1）。每种类型都有各自的优缺点。企业应根据公司业务类型、组织结构、组织资源等因素选择合规管理部门的设置。

表 7-1　合规管理部门类型及特点

序号	类型	特　点
1	合规管理部	在企业内部建立一个专业的合规管理部门，任命首席合规官作为合规管理总负责人。 优点：企业合规管理部门的独立性强，合规团队专业能力强，合规工作也做得相对专业。 缺点：要求企业投入大量的资金、人力等资源；对合规管理人员职业技能要求高，既要懂合规专业知识，又要懂具体的业务知识；合规管理部门与其他部门之间的沟通协调能力也要求较高。
2	法务合规部	把法务部或者法律事务部的管理职能与合规部门管理职能统一到法务合规部门职能之中，由法务合规部对企业的法律事务工作和合规管理工作进行统一管理。 优点：部门设立相对容易，投入成本相对较低，公司在设立合规管理部门时可以利用公司现有的法务部门的资源，因为大多数公司在成立合规部之前都有法务部门。另外，合规管理工作与法务部工作配合容易，因为合规管理部门有效开展工作的前提须对外部法律法规、监管等规定有正确的理解，在一个领导之下，合规管理部门与法务部门之间的沟通也相对顺畅。 缺点：按照这样的方式设置合规管理部门，开展工作时与其他部门的沟通协调要求较高，需要合规管理部门与业务部门密切配合，对合规管理人员职业技能要求高，既要懂合规专业知识，又要懂具体的业务知识。
3	审计合规部	合规部与审计部结合形成审计合规部。 优点：便于企业对合规风险进行管理，企业可以通过较少的投入达到合规管理的目的。 缺点：独立性不强，适用于业务单一且面临合规风险较低的企业。以生产汽车为主的北京奔驰汽车就采用了该类型。

续 表

序号	类型	特　点
4	风控合规部	融合了公司治理、风险控制与合规管理。 优点：大大提升了合规管理部门整合公司资源的能力，有很强的独立性，方便了合规部门与风险管理部门的沟通，合规部门在合规风险评估时可以和风控部门结合起来共同开展工作，实现风险管理工作成果共享。 缺点：对合规部的领导力提出了很高的要求，同时也需要企业提供较多的资源支持，还需要与法务部门等其他部门加强沟通，平衡业务与合规风险管理的关系。
5	其他	具体根据公司业务类型、组织结构、组织资源而定。 如英国石油公司（BP）在集团层面设置“道德与合规部”进行合规管理，同时配以法律各领域专家提供日常的法律专业支持，来保证 BP 各部门的合规专业有效运行。 BP 公司除了在道德与合规部门工作的全职合规工作人员之外，在每个业务与职能部门及其每一个下属地区部门，都有一位部门领导兼任本部门的“道德与合规联络人”。其职责是确保各项合规制度在本部门的有效实施，并且就日常工作中的合规问题进行处理和解答。这种安排能够有效提高本部门领导的合规意识，高效率解决日常合规问题。

三、企业内部的合规管理体系

（一）董事会的合规责任

董事会作为决策层应以保证企业合规经营为目的，通过原则性顶层设计，解决合规管理工作中的权力配置问题。

董事会负责企业整体风险的预防和控制，审核、监督公司风险控制制度的有效执行，可以下设合规与风险管理委员会，负责对企业国内施工承包及境外施工经营的风险控制及合法合规进行审议、监督和检查，草拟企业风险管理战略，评估企业风险管理状况。

董事会对企业的合规管理承担最终责任，履行以下合规职责：

①审核批准合规政策，监督合规政策的实施，并对实施情况进行年度评估。

②审核批准公司年度合规报告，对年度合规报告中反映出的问题，采取措施解决。

③根据总经理提名决定合规负责人的聘任、解聘及薪酬事项。

④决定公司合规管理部门的设置及其职能。

⑤保证合规负责人独立与董事会、董事会相关委员会（如审计委员会或者其他专业委员会）沟通。

⑥公司章程规定的其他合规责任。

（二）监事会的合规责任

为了完成合规监督职能，监事会不仅要进行会计监督，而且要进行业务监督。不仅要有事后监督，而且要有事前和事中监督（即计划和决策时的监督）。监事会对经营管理的合规方面监督包括以下方面：

一是对企业董事、总经理和其他高级管理人员执行公司职务时违反法律、行政法规或者公司章程的行为进行监督并有权通知他们停止其非合规行为。

二是随时调查企业的合规执行状况，审查合规体系文件、合规记录和合规报告，并把审核意见向董事会报告。

三是当监事会认为有必要时，一般是在企业出现重大问题时，可以提议召开股东会。

（三）管理层的合规责任

企业的高级管理层应分配充足的资源建立、制定、实施、评价、维护和改进合规管理体系。

管理层人员应当熟悉工程建设相关法律、行政法规及国际性组织的监管要求，依法合规、勤勉、审慎地行使职权。管理层人员应当维护企业的统一性和完整性，在其职权范围内对企业经营活动进行独立、自主决策，不受他人干预，不得将其经营管理权让渡给股东或者其他机构和人员。

管理层人员应当根据企业经营环境的合规要求，督促和落实合规责任体系的建立和运行。

管理层人员应当构建企业自身的合规文化，保持企业内部机构和人员合规责任体系、合规报告路径的清晰、完整，不得违反规定的报告路径，防止内部责任体系、报告路径和内部员工之间出现割裂的情况。

（四）合规管理部门的合规责任

①协助领导构建企业合规管理体系，制定、修订企业的合规手册和其他合规风险管理规章制度。

②起草年度合规管理计划。

③主动识别、评估、监测和报告合规风险。

④负责各项具体合规工作方案的拟定，使合规工作顺利展开。

⑤起草合规报告。

⑥参与新业务的开发，识别、评估合规风险，提供合规支持。

⑦违规事件的调查处理，起草违规处理决定。

⑧梳理企业内控流程，提出相关改进建议。

⑨审查企业内部管理制度、业务规程，提供合规改进建议。

⑩组织合规培训并向企业员工提供合规咨询服务。

⑪跟踪法律法规、监管规定和行业自律规则的变动、发展，并根据其有关要求提出制定或者修改企业内部规章制度的建议。

⑫相关辅助性工作和领导指派的其他工作。

（五）合规管理的主要内容

企业应以倡导合规经营价值观为导向，明确合规管理工作内容，健全合规管理架构，制定合规管理制度，完善合规运行机制，加强合规风险识别、评估与处置，开展合规评审与改进，培育合规文化，营造重视合规经营的企业氛围。

1. 合规管理的主要活动

合规管理旨在构造企业监督系统，对企业的决策系统、执行系统进行全程、动态的合规监控，监控的对象覆盖企业经营管理的全部内容，主要包括：

①定期学习法律、法规，传达监管要求，打造企业合规文化，提高员工合规意识。

②审核业务合同，各部门的制度和工作流程。

③依据合规要求，检查和评估日常经营管理活动的合规性。

④梳理整合各项法律法规、规章制度，开展合规培训。

⑤为新的承包合同提供合规支持。

⑥开展法律咨询，协同处理企业法律纠纷及其投诉。

2. **合规文化**

合规文化建设是合规风险管理的一部分，同时也是企业文化建设的一部分。如果企业上下所有员工都严格遵守高标准的道德行为准则，那么该合规风险的管理是最为有效的。

在企业内部要形成浓厚的合规文化，做到人人合规。所有员工都要有足够的职业谨慎、具有诚信正直的个人品行以及良好的风险意识和行为规范。企业内部要具有清晰的责任制和问责制，以及相应的激励约束机制，形成所有员工理所当然要为自身从事的职业和所在岗位的工作负责任的氛围，进而逐步形成工程建设企业的合规文化。企业加强合规文化建设应从以下四个方面努力：

第一，管理层的重视。

第二，全员合规理念的建立。一定要改变钻政策空子、打擦边球的观念，消除侥幸心理。

第三，合规部门与其他部门的配合、信息交流，实现资源共享，协同作战。

第四，合规考核机制的有效落实。

3. **合规政策**

合规政策是企业体现合规理念，培育合规文化，制定实现合规目标的纲领性、指示性的文件，对企业开展合规工作提出了原则性要求。其内容包括：

（1）合规政策的制定。企业的高级管理层（合规委员会）负责制定书面的合规政策，并根据合规风险管理状况和法律、规则、准则，以及项目所在地的政策、宗教和文化环境的情况适时修订合规政策，经董事会审议批准后传达给全体员工，定期评价各项合规政策和执行状况；若发现重大的合规问题，管理层必须立即向董事会汇报。

（2）进一步明确合规管理部门的职能。为确保合规管理部门能在公司合规管理中充分发挥作用，对合规管理部门的责任至少应明确：①合规管理部门的功能和职责；②合规管理部门的权限；③合规负责人的合规管理职责；④保证合规负责人和合规管理部门独立性的各项措施，包括确保合规负责人和合规管理人员的合规管理职责与其承担的任何其他职责之间不产生利益冲突等；⑤合规管理部门与其他部门之间的协作关系；⑥设立分支机构合规管理部门或项目部合规管理部门的原则。

（3）合规政策的落实。

①高级管理层：负责贯彻执行合规政策，确保发现违规事件时及时采取适当的纠正措施，并追究违规责任人的相应责任。

②企业职能部门及各项目部：遵循企业合规政策，研究制定本部门或本项目决策和运作的各项制度流程并组织实施，定期对本部门或项目的合规风险进行评估，对其合规管理的有效性负责。

③合规管理部门：作为合规风险的日常管理部门，主要负责识别、评估和监控合规风险，并向管理层和董事会提出合规建议和报告。

4. 合规审核

通过审核，对于外部监督可能发现的问题及时自查自纠，以减少企业损失，避免可能受到的处罚。

合规审核的程序一般包括：制定合规审核机制、合规审核调查、合规审核评价，具体内容见表7-2。

表 7-2　合规审核的程序及内容

程序	内　容
制定合规审核机制	制订合规审核计划，需要列出审核的目标、步骤和流程。
合规审核调查	合规人员开展内部合规审核时，可能出现内部人员不配合，刻意隐瞒实情的情况，需要合规部门人员进行审核调查，但审核调查手段不能干扰企业或项目的日常运作。
合规审核评价	合规审核工作需要进行阶段性的评估，可以由内部或外部人员进行，最终目的是改进合规部门的工作。

5. **合规审计**

企业合规管理职能应与内部审计职能分离。企业审计部门应对企业合规管理的执行情况、合规管理体系的适当性和有效性等进行独立审计。审计部门应将合规审计结果告知合规管理部门，合规管理部门也可根据合规风险的识别和评估情况向审计部门提出开展审计工作的建议。

6. **合规检查**

合规检查的主要对象是制度、程序和流程的执行情况，合规检查主要看企业各个层面，特别是施工项目部是否落实了合规要求，检查要点：

一是企业各个层面是否按照相关法律法规和企业章程的规定履行职责，合规记录是否真实、准确、完整，是否按规定存档。

二是合规问题的整改情况及违规责任人的处理情况。

三是风险管理制度是否涵盖了不同风险控制环节。

四是其他需要检查的内容。

7. **合规培训**

企业应将合规培训纳入员工培训计划，培训内容随企业内外部环境变化进行动态调整。境外经营相关部门和境外分支机构的所有员工，均应接受合规培训，了解并掌握企业的合规管理制度和风险防控要求。决策层和高级管理层应带头接受合规培训，高风险领域、关键岗位员工应接受有针对性的专题合规培训。合规培训应做好记录留存。合规培训的内容包括但不限于：企业内部的员工守则和各项业务的合规制度、国际商业公约及项目所在国特定的合规要求、境内外合规案例警示教育。

8. 合规汇报、举报与投诉

合规负责人和合规管理部门应享有畅通的合规汇报渠道。合规管理部门应当定期向决策层和高级管理层汇报合规管理情况。汇报内容一般包括但不限于合规风险评估情况，合规培训的组织情况和效果评估，发现的违规行为以及处理情况，违规行为可能给组织带来的合规风险，已识别的合规漏洞或缺陷，建议采取的纠正措施，合规管理工作的整体评价和分析等。

如发生性质严重或可能给企业带来重大合规风险的违规行为，合规负责人或合规管理部门应当及时向决策层和高级管理层汇报，提出风险警示，并采取纠正措施。

企业应根据自身特点和实际情况建立和完善合规信息举报体系。员工、客户和第三方均有权进行举报和投诉。企业应充分保护举报人。

合规管理部门或其他受理举报的监督部门应针对举报信息制定调查方案并开展调查。形成调查结论后，企业应按照相关管理制度对违规行为进行处理。

企业各层级人员对违规行为应有制止的义务，企业应有合规投诉处理的渠道和制度，合规投诉处理的流程为：接收、审议、改进、反馈。合规投诉处理的措施包括：

第一，建立合规投诉渠道。

第二，建立合规投诉的管理办法或处理流程等制度，其中建议含保密、奖励等内容。

第三，规定相关处理极限范围、处理流程与时限等。

9. 合规考核

合规考核应全面覆盖企业的各项管理工作。合规考核结果应作为企业绩效考核的重要依据，与评优评先、职务任免、职务晋升以及薪酬待遇等挂钩。

境外经营相关部门和境外分支机构可以制定单独的合规绩效考核机制，也可将合规考核标准融入总体的绩效管理体系中。考核内容包括但不限于按时参加合规培训，严格执行合规管理制度，积极支持和配合合规管理机构工作，及时汇报合规风险等。

（1）建立考核目标。企业应在相关部门和各层级建立合规目标作为考核依据。

企业策划如何实现合规目标时，应确定：做什么，需要什么资源，谁负责，何时完成，结果如何评价。

（2）建立员工合规操守考核制。建立包括合规操守、合规业绩考核在内的绩效管理体系。每年初根据境外企业项目建设和生产经营的实际情况，制定考核指标并与主要负责人签订责任书，采取“月度通报、季度考核、半年小结、年度清算”的考核机制，年底根据完成情况进行考核，合规业绩考核结果与企业工资总额、领导班子成员年薪和领导班子成员任职评价“三挂钩”。通过加强合规绩效考核，充分调动企业合规经营的积极性，促进资产的保值增值。将考核结果纳入年度绩效考核，与绩效工资挂钩，以增强员工合规意识，确保员工日常行为合规。

（3）建立违规问责制度。对于发现的违规事件，要严格认定和追究违规行为人的责任，并采取有效的纠正措施，及时优化经营管理流程和修订相关规章制度，切实消除违规事件产生的负面影响。

10. 合规评价

企业应定期对合规管理体系进行系统全面的评价，发现和纠正合规管理贯彻执行中存在的问题，促进合规体系的不断完善。合规管理体系评价可由企业合规管理相关部门组织开展或委托外部专业机构开展。

企业在开展效果评价时，应考虑企业面临的合规要求变化情况，不断调整合规管理目标，更新合规风险管理措施，以满足内外部合规管理要求。

（1）建立法律法规及其他要求适用表。

①合规性评价的基础工作是建立适用的法律、法规及其他要求清单。

②合规渊源，包括：立法机构和监管机构的法律、规则和准则，市场惯例，行业协会的行业规则，内部职员行为准则，诚实守信和道德行为准则。

③合规渊源的获取渠道。

（2）建立法律法规及其他要求合规性评价表。建立法律法规及其他要求合规性评价表的原则和方法。

（3）进行合规性评价。

①归口管理部门；

②评价频次；

③评价人员；

④评价依据；

⑤评价内容；

⑥评价记录；

⑦不合规处置。

（4）提出改进方法。

①企业合规性评价和改进建议表。

②撰写企业规章制度的修改建议书，应注意：如果企业的规章制度体系文件与现行的法律法规有冲突，则必须对规章制度体系进行修改；应通过与有关部门的沟通，了解企业规章制度这样规定的原因，并探讨有无可能提出既合乎技术原理又合乎法律法规的方法；在建议书中，必须写明既有文件的哪一部分与法律法规存在冲突，并给出修改意见。

四、合规管理中的风险控制方法

合规风险是指企业或其员工因违规行为遭受法律制裁、监管处罚、重大财产损失或声誉损失以及其他负面影响的可能性。

合规管理部门应深入调查，梳理各操作岗位的工作规程，研究各岗位原有的内控风险、管理体系风险及法律风险，针对各环节隐藏的或者有可能发生的合规风险进行系统排查，并梳理成全面的合规管理风险。参照国家的法律法规、有关政策和行业标准规范，结合企业实际运营的情况，整理各业务领域需要遵守的法律法规和其他标准，结合上述排查的合规管理风险，细化业务操作标准，量化要求。之后，强调风险提示，列出哪些岗位会出现风险操作、风险级别、业务流程环节中容易出现风险的操作点以及风险控制措施，以便于业务操作人员在工作中能够有意地避开风险操作点，增强风险意识，加强自身责任感。这是企业达成合规要求，实现合规经营的根本策略。

整个风险管理过程是一个闭环系统（见图 7-1），随着风险应对策略的实施及风险监控过程中内外部环境或工作内容的变化，风险会出现许多变化。这些变化的信息可及时反馈，新的风险识别就能及时对新情况进行风险评估和分析，从而调整并实施风险应对策略。这样循环往复，保持风险管理过程的动态性，就能达到风险管理的预期目的。

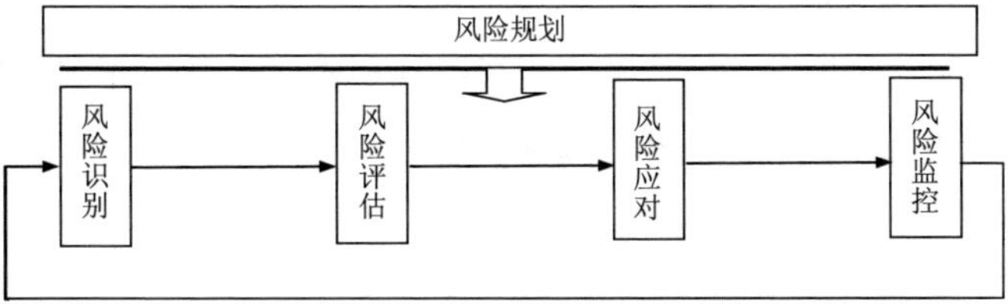

图 7-1 企业风险管理的全过程

（一）风险规划

风险规划是定义如何实施合规风险管理活动的过程，合规部门应该根据企业的业务类型、实施环境和人员特点，制订风险管理规划文档，即风险管理计划。该计划要与业务内容（如所承包的项目类型、项目战略优先级等）对企业和其他相关方的重要程度相匹配，其中特别需要注意的是业务（如工程项目承包）实施过程中关键相关方（如工程所在地政府、业主及企业自身领导层）对合规风险的容忍程度。

风险规划的内容应包括：

①确定合规风险管理的领导者和团队，明确其职责；

②确定合规风险管理活动所需资金及应急储备和管理储备的使用方案；

③确定在项目生命周期中实施合规风险管理过程的时间和频率；

④确定合规风险的分类方式和风险分解结构；

⑤记录各相关方的风险偏好度和风险临界值；

⑥根据具体的项目对风险的概率和影响进行定义；

⑦风险登记册、风险报告以及项目风险管理过程中的文档要求和内容格式等。

合规风险管理活动应纳入日常工作范畴，是合规管理工作的最重要组成部分。同时，企业应在合规风险规划阶段对各类相关人员做好合规培训工作。培训对象及内容见表 7-3。

表 7-3 合规培训对象及内容

序号	培训对象	培训内容
1	企业高层、高级合规官	建立企业合规管理体系
2	合规管理团队成员	合规管理团队的职责、应知应会等
3	从事境内经营的工程建设企业所有人员	境内合规要求、制度
4	从事境外经营的工程建设企业所有人员	境外合规要求、制度

可采取现场培训、书面培训、网络培训相结合的形式，由合规管理部门制订年度合规培训计划，由各业务部门提出培训需求，以工作的实际需要为出发点，与岗位紧密结合，根据年度培训计划、国家政策法规的变化及企业业务发展需要实施培训，有计划、有目的地组织

各种形式的合规培训，强化合规经营理念。

（二）风险识别

企业应当建立必要的制度和流程（风险规划），识别新的和变更的合规要求。企业可围绕关键岗位或者核心业务流程，通过合规咨询、审核、考核和违规查处等内部途径识别合规风险，也可通过外部法律顾问咨询、持续跟踪监管机构有关信息、参加行业组织研讨等方式获悉外部监管要求的变化，识别合规风险。

企业境外分支机构可通过聘请法律顾问、梳理行业合规案例等方式动态了解掌握业务所涉国家（地区）政治经济和法律环境的变化，及时采取应对措施，有效识别各类合规风险。

企业的合规风险识别工作应在整个经营过程中持续开展，并根据环境和业务特性的变化不断更新风险内容。

具体工程项目上的风险识别应以企业已识别的合规风险为基础，结合项目特性、所在地的环境（包含自然环境、社会环境、管理环境和作业环境）等因素，在合规管理部门的配合下，一同开展合规风险的识别。

可使用头脑风暴、核对单、访谈收集与风险相关的信息，通过根本原因、假设条件和制约因素、各种文件和 SWOT（优势、劣势、机会和威胁）等分析风险及其来源，召开专门会议讨论和完善风险的识别。具体识别风险的方法见表 7-4。

表 7-4　常见风险识别方法

名称	方式	说　明
调查法	访谈	约访专家、工程管理人员，或通过实地观察走访等识别潜在的风险。
	专家会议讨论	通过成立风险管理专家小组，召开会议，利用其专业知识和经验识别潜在的风险。
头脑风暴法	自由联想讨论	组织一群人自由联想、讨论，发表自己的观点或看法，互不强制干预对方。
核查法	核查表	将之前相似项目发生过的风险归纳总结列成清单，核查拟建项目是否存在该类风险。
分解法	工作分解法（WBS）	将复杂的整体工程进行系统分解（单项工程-单位工程-分部分项工程-工序），分析潜在的风险和损失。
	风险分解法（RBS）	将整个工程的风险从不同的方面或层次分类，再将大类风险分解为具体的子风险。
	WBS-RBS	将复杂的工程工作和风险分别分解成简单、易于理解的基本单元，再将其耦合形成 WBS-RBS 矩阵，找出可能的风险因素。
情景分析法	场景假设	设想同一环境不同情境下可能出现的风险和其带来的损失。
假设条件和制约因素分析	实施条件审查	每个项目及其项目管理计划的构思和开发都基于一系列的假设条件，并受一系列制约因素的限制。开展假设条件和制约因素分析，来探索假设条件和制约因素的有效性，确定其中哪些会引发风险。从假设条件的不准确、不稳定、不一致或不完整，可以识别出威胁，通过清除或改变会影响项目或过程执行的制约因素，可以创造出机会。

续 表

名称	方式	说 明
流程图法	流程图	将项目划分为连续的作业流程，再将各个作业流程划分为若干个具体板块，分析各板块中潜在的风险。
SWOT 分析	多维度进行分析	对项目的优势、劣势、机会和威胁进行逐个检查。
文件分析	历史资料分析	通过对企业或项目以往文件的结构化审查，可以识别出一些风险。可供审查的文件包括计划、假设条件、制约因素、以往项目档案、合同、协议和技术文件。

1. 合规风险识别的领域

企业识别、分析和评估合规风险可以从重点领域、重点环节、重点人员三方面考虑。

重点领域：市场交易、商业伙伴、安全环保、施工质量、劳动用工、财务税收、知识产权、反腐、诚信与反贿赂。

重点环节：重要决策事项事前合规审查。境外施工重大决策、重大合同、大额资金管控、境外子企业公司治理等。

重点人员：管理人员、高风险岗位、海外人员。

2. 合规风险识别的框架

全面识别合规风险的一个良好方法是通过风险分解（RBS）建立合规风险识别框架。

合规风险 RBS 建议，参见表 7-5。

表 7-5　不同类型风险需合规的内容或风险点

类　别	需合规的内容或风险点
国际条约、惯例和协议合规风险 相关的规定主要来自联合国（UN）、国际劳工组织（ILO）、世界知识产权组织（WIPO）、国际标准化组织（ISO）、社会责任国际（SAI）、国际商会（ICC）、世界银行（WB）、石油输出国组织（OPEC）等	· 合同管理：FIDIC 条款、NEC 合同条款、JCT 合同条款、AIA 系列合同条件等； · 劳工权利：《国际劳工组织宪章》、《建筑业安全和卫生建议书》、《1990 年夜间工作公约》、SA 8000 等； · 知识产权：《保护工业产权巴黎公约》《专利合作条约》《世界版权公约》等； · 环境保护：《生物多样性公约》《控制危险废物越境公约》《联合国气候变化框架公约》《巴塞尔公约》等； · 财务报告：《COSO 全面风险管理框架》《COSO 内部控制整合框架》等； · 国际贸易：《国际贸易术语解释通则》《商业跟单信用证统一惯例》等； · 诚信与反贿赂：《世界银行诚信合规指南》《海外反腐败法》等； · ……
国家（地区）性合规风险	· 美国的《海外反腐败法》《针对机构实体联邦量刑指南》《萨班斯-奥克斯利法案》； · 美国的“长臂管辖”司法判例； · 所在国出于国家安全和国家利益作出的行政决定；如美国把华为公司列入出口管制“实体名单”； · 所在国及地区出入境相关规定； · 驻所在国使领馆的规定和要求； · ……

续 表

类　别	需合规的内容或风险点
宗教、文化和习俗合规风险	·基督教； ·伊斯兰教； ·佛教； ·当地的其他教派和习俗； ·……
国内施工企业涉及的主要法律、法规合规风险	1. 法律 《中华人民共和国建筑法》《中华人民共和国安全法》《中华人民共和国消防法》《中华人民共和国合同法》《中华人民共和国招标投标法》《中华人民共和国土地管理法》《中华人民共和国城乡规划法》《中华人民共和国环境保护法》《中华人民共和国环境影响评价法》《中华人民共和国保险法》《中华人民共和国劳动法》等。 2. 行政法规 《工程建设质量管理条例》《工程建设安全生产管理条例》《工程建设勘察设计管理条例》《中华人民共和国土地管理法实施条例》等。 3. 部门规章 《工程监理企业资质管理规定》《注册监理工程师管理规定》《工程建设监理范围和规模标准规定》《建筑工程设计招标投标管理办法》《房屋建筑和市政基础设施工程施工招标投标管理办法》《评标委员会和评标方法暂行规定》《建筑工程施工发包与承包计价管理办法》《建筑工程施工许可管理办法》《实施工程建设强制性标准监督规定》《房屋建筑工程质量保修办法》《房屋建筑工程和市政基础设施工程竣工验收备案管理暂行办法》《工程量清单计价规范》《工程建设施工现场管理规定》《建筑安全生产监督管理规定》《工程建设重大事故报告和调查程序规定》《城市建设档案管理规定》《增值税暂行条例实施细则》等。

续 表

类　别	需合规的内容或风险点
国内外行业专业技术合规风险	指针对不同的行业、不同质量控制对象制定的专业技术规范文件。包括规范、规程、标准、规定等，如：工程建设项目质量检验评定标准，有关建筑材料、半成品和构配件质量方面的专门技术法规性文件，有关材料验收、包装和标志等方面的技术标准和规定，施工工艺质量等方面的技术法规性文件，有关新工艺、新技术、新材料、新设备的质量规定和鉴定意见等。
企业内部制度和流程合规风险	· 公司章程； · 公司制度和业务流程； · 工艺流程和操作手册； · ……

全面风险识别 RBS 建议，详见表 7-6 至表 7-17。

表 7-6　境外工程建设企业全面风险识别框架（RBS 0 级）

序号	层　次	风险类型
1	国家层面	经济风险、政治风险、社会风险、自然风险、法律风险
2	项目层面	招投标风险、设计风险、施工风险、采购风险、业主方风险
3	企业层面	融资风险、资金风险、组织结构风险、人力资源管理风险

表 7-7 国家层面：经济风险清单（RBS 1~2 级）

序号	风险因素	风险源
1	经济发展	所在国经济 GDP 总量及发展趋势如何？经济产业结构是怎样的？经济发展规划和政策有哪些？
2	通货膨胀	所在国通货膨胀率是多少？是否得到有效控制？发展趋势如何？国家的货币政策如何？
3	政府财政和债务	政府财政收入、来源及占比是多少？政府财政收支情况如何？政府外债与内债情况如何？政府外汇收入、来源及储备情况如何？
4	市场竞争	政府投资和私人投资情况如何？市场竞争激烈情况如何？市场竞争者来自哪些国家？中国企业的市场份额、分布领域和竞争优势怎样？
5	汇率变化	所在国采用何种货币？是否是国际货币？与美元的兑换比率是否稳定？汇率的发展趋势怎样？
6	外汇管制	所在国是否是外汇管制国家？所在国的外汇储备怎样？外汇管制的对象是哪些？外汇管制的范围有哪些？
7	华人经济团体影响	所在国是否存在华人商会或经济团体？这些商会团体对所在国经济的影响力如何？与当地政府和社会组织团体的关系如何？
8	商业银行合作	所在国的主要商业银行有哪些？银行的资信、业务及收费、效率情况如何？外国人可否开立银行账号和可办理的业务情况有哪些？

表 7-8 国家层面：政治风险清单（RBS 1~2 级）

序号	风险因素	风险源
1	政治制度	所在国政治体制是哪种（民主共和制/君主立宪制）？所在国民主程度如何？是否存在以及多大程度的独裁？政治权力在各组织机构之间如何划分？

续　表

序号	风险因素	风险源
2	政党及政策	所在国的政党情况如何？是一党制、两党制还是多党制？主要政党有哪些？主要政党对国家政策和政治权利的影响怎样？执政党及其他政党对华态度怎样？
3	国家信誉	所在国的国际信誉如何？是否有国家信用评级？评级情况如何？
4	政府腐败	所在国政府廉洁情况如何？腐败行为严重程度如何？政府是否就腐败问题采取打击措施？政府打击力度和决心怎样？
5	政策连续性	国家政策是否稳定？近几届政府更迭过程是否稳定？新政府对原政府行为（各项政令及外交政策）继承是否完整及政策是否稳定？
6	政局稳定性	国家政局是否稳定？影响国家政局稳定的主要因素有哪些？
7	战争或内乱	所在国是否存在反政府武装或恐怖组织？其破坏活动近年来是否频繁？国家是否已采取军事行动？未来的安全形势会如何？
8	国家关系	所在国周边国家政局是否稳定？其与周边国家关系如何？国际上有无敌视国？中国在该国是否设有大使馆？其与中国合作情况如何？
9	舆论风险	我方在项目所在国设立的机构是否建立了舆情监控机制？
10	工程协会	所在国是否存在工程协会？工程协会的作用及其对市场的影响如何？
11	紧急事故应对	我方在所在国设立的机构是否建立了紧急情况的应对机制？包括哪些具体的应急保障措施？

续 表

序号	风险因素	风险源
12	项目安保	我方在所在国设立的机构是否建立了安全保障管理制度？当地是否有专业的安保公司？费用如何？当地政府可否提供安保力量？
13	市场歧视	建筑市场对外国承包商的态度如何？中资企业在当地受欢迎程度如何？

表 7-9　国家层面：社会风险清单（RBS 1~2 级）

序号	风险因素	风险源
1	民族冲突	所在国有多少民族？各民族之间的关系如何？主要民族占人口比例及其对国家政治、社会的影响？
2	宗教冲突	所在国有无宗教信仰？具体信仰哪些宗教？宗教之间的关系如何？宗教对国家政治、社会、文化等的影响程度如何？
3	风俗禁忌	所在国有哪些风俗习惯？禁忌有哪些？
4	法定假日	所在国有哪些法定节假日？法定假日多不多？节假日如何分布？
5	劳工素质	社会教育体系是否完善？教育是否普及？公民受教育程度如何？
6	交流障碍	所在国官方语言是什么？较为通行的外国语言有哪些？
7	医疗卫生	所在国医疗保障体制是否健全？医疗水平和伤病费用成本如何？
8	社会治安	社会治安状况如何？偷盗、抢劫等暴力犯罪率高不高？

表 7-10　国家层面：法律风险清单（RBS 1~2 级）

序号	风险因素	风险源
1	法制差异	所在国属于英美法系、大陆法系还是其他法系？
2	法制不健全	所在国的国家立法程序如何？法制是否健全？基本法律有哪些？法律法规调整是否频繁？
3	公民法律意识	当地法律文件是否易于获取？公民法律意识怎样？公民犯罪率如何？
4	执法风险	所在国执法部门法律执行力度如何？执法是否公正？
5	司法风险	司法环境如何？司法是否公正？司法效率如何？诉讼成本如何？
6	国际法约束	是否与中国签订双边或多边条约？是否共同加入某种国际组织？
7	公司法风险	所在国关于公司设立及治理的相关法律法规有哪些？主要规定是怎样的？
8	进口管理	所在国对进口程序和手续有哪些规定？海关检查是否严格？清关效率怎样？
9	外籍劳务限制	所在国关于外籍劳务的法律法规有哪些？是否对外籍劳务有明确的限制？外籍劳务需要办理哪些签证和手续？
10	外商投资法	所在国关于外商投资的法律法规有哪些？主要规定是怎样的？
11	投标法规	所在国关于投标的法律法规有哪些？主要的规定是怎样的？
12	合同法	所在国关于合同的法律法规有哪些？主要的规定是怎样的？
13	劳动法	所在国关于劳动关系、职业安全健康的法律法规有哪些？主要的规定是怎样的？对工人加班的时间和费用有何规定？

续 表

序号	风险因素	风险源
14	税法风险	所在国关于税收制度的法律法规有哪些？主要规定是怎样的？税率如何？对外国承包商有无优惠？税法是否定期修改？
15	环保法	所在国关于环境保护的法律法规有哪些？主要规定是怎样的？对于破坏环境行为的惩罚是怎样的？
16	企业资质管理	所在国关于建筑企业资质管理的法律法规有哪些？主要的规定是怎样的？资质分为几类几级？资质申请的程序和所需的材料有哪些？
17	工程纠纷管理	所在国关于诉讼、仲裁等争议解决方式的相关法律法规有哪些？主要的规定是怎样的？
18	所在国仲裁机构	所在国仲裁机构有哪些？这些机构的国际影响力、公正性、收费情况如何？
19	国际仲裁有效性	所在国是否为纽约公约成员？外国仲裁裁决在该国承认和执行情况如何？
20	法律资源获取	所在国的法律资源如何？有无国际知名律所？本国律师的水平和能力怎样？律师收费如何？该国有无知名的工程咨询专家和税务顾问专家？

表 7-11　国家层面：自然风险清单（RBS 1~2 级）

序号	风险因素	风险源
1	自然灾害	所在国自然灾害现象（地震、洪灾、旱灾、火山、台风等）是否严重？是否常年缺水？
2	气候恶劣	全年降雨量和气温如何？是否有明显的旱季和雨季？雨季和旱季分别是哪些月份？夏季的最高平均温度和冬季的最低平均温度是多少？

续 表

序号	风险因素	风险源
3	水文地质	所在国的地形地貌如何？水文地质条件是否复杂？
4	传染疾病	所在国是否为传染疾病高发区？主要的传染疾病有哪些？病情是否得到有效控制？公民的疾病防范意识如何？
5	生态保护	所在国是否注重对生态的保护？项目是否经过生态保护区？

表 7-12 项目层面：招投标风险清单（RBS 1~2 级）

序号	风险因素	风险源
1	投标程序	建筑市场投标的基本程序是什么？公正性如何？外国企业投标需要做哪些准备？
2	投标政策	所在国对本国企业和外国企业投标的政策是否不一样？具体政策是怎样的？
3	业主手续	业主的行政审批手续是否齐全？
4	工程量和工程范围	合同中关于工程项目内容描述是否清楚？是否存在可凭借推测和想象而导致工作范围扩大的成分？工程量是否有清单？
5	合同报价	合同计价方式约定是否明确？是固定总价合同还是可调总价合同？合同中有无关于价格调整方式的条款？合同价格包含的风险费是否足够？
6	融资要求	合同中是否要求承包商融资？融资额度是否超过企业规定标准？
7	保函担保	业主是否要求承包商提供保函担保？需要提供哪些保函？保函失效、失效条件及担保金额约定是否明确？
8	预付款约定	合同中是否约定工程预付款？预付款的比例是多少？预付款支付形式是什么？

续　表

序号	风险因素	风险源
9	进度款支付约定	合同中是否约定工程进度款的审批及支付时限？进度款的支付方式是什么？是否约定发包人未按时支付工程进度款的违约责任？
10	工程尾款支付约定	合同中是否约定工程尾款的审批和结算时限？工程尾款的支付方式是什么？是否约定发包人未按时支付工程尾款的违约责任？
11	质保金支付约定	合同中是否约定质量保修期和期满后工程质量保修款的清算和支付时限？
12	竣工结算约定	合同中是否约定工程竣工验收的条件？是否明确规定竣工结算审核单位和审核时限？是否约定中间结算和结算时限？
13	付款形式	合同工程款结算的币种有哪些？业主以何种方式付款？
14	工程变更	是否约定工程变更、洽商、签证价款的审批和支付时限？
15	违约赔偿	合同对双方违约的责任是否作出明确的规定和量化？是否约定赔偿的条件和形式？
16	条款不平等	业主是否特意将自身承担的风险定义模糊化？风险范围是否缩小？是否将一些不可抗风险全部强加给承包商？
17	条款不严谨	合同对一些重要性条款有没有清晰的定义？规定是否详细？前后是否存在矛盾？
18	合同条款误解	合同条款翻译是否正确？双方就条款的理解是否进行沟通并达成一致？
19	业主免责	合同条款关于业主责任的要求是否明确？有无具体的制约措施？

表 7-13　项目层面：设计风险清单（RBS 1~2 级）

序号	风险因素	风险源
1	设计标准	业主要求使用的设计标准规范是哪些？是中国标准、欧美标准还是所在国自身标准规范？设计分包商对国外标准规范的熟悉程度？
2	设计技术	设计院或分包商的资质如何？是否做过海外工程的设计？设计团队人员组成结构是否合理？设计人员的设计经验如何？
3	设计资料	业主提供的资料信息是否真实、完整，有无及时更新？承包商是否亲自到项目现场勘察过？勘察资料的深度和广度是否满足设计要求？
4	设计方案	承包商是否深入研究业主提出的技术指标和要求？设计方案是否合理？业主是否会因喜好任意要求承包商改变设计方案？业主对设计方案的审批效率如何？
5	设计变更	设计分包商是否正确理解业主的概念要求？业主对项目的要求是否一次性交代清楚？
6	衔接风险	设计部门的时间安排是否合理？与采购部门、施工部门工作的衔接是否顺畅？

表 7-14　项目层面：采购风险清单（RBS 1~2 级）

序号	风险因素	风险源
1	本地材料设备供应	所在国有无项目所需的材料设备？当地材料的质量能否达到项目要求？当地的材料生产能力和设备生产效率能否满足项目的需求？材料和设备的价格怎么样？
2	材料设备采购计划	各种材料和设备的采购来源是否合理安排（当地、中国还是第三国）？每次材料采购数量是否经济？采购计划是否合理和灵活？

续 表

序号	风险因素	风险源
3	供货商供货	供货商的信誉情况怎么样？供货数量和质量是否有保障？能否及时供货？供货规格是否与项目匹配？售后服务怎么样？
4	物流运输	物资运输形式和成本如何？运输速度和安全性如何？货物运输损耗大不大？清关手续是否复杂？货物是否在所在国进口管制名单内？
5	物价上涨	材料设备价格是否上涨？跨国采购时货币汇率是怎样的？
6	采购报价	业主是否指定供货商？供货商的数量是多少？承包商询价是否方便？供货商报价是否合理？供货商会不会坐地起价？

表 7-15　项目层面：施工风险清单（RBS 1~2 级）

序号	风险因素	风险源
1	施工技术	技术交底是否清楚？施工工艺是否落后？专项施工方案是否得到论证以及效果如何？有无采用新工艺和技术？
2	安全措施	现场安全措施是否到位？执行力如何？是否安排专职安全巡视员？
3	施工人员管理	施工人员素质如何？施工人员是否服从安排？施工人员是否会盗窃材料设备？施工人员是否会集体要求涨薪或罢工？施工人员是否接受加班安排？
4	分包商管理	分包商之间的施工界限是否清晰？分包商进场安排是否合理？与分包商之间的沟通是否顺畅？有无做好各分包商之间的协调？
5	材料设备管理	现场材料设备是否有专人看管？设备的保养怎样？材料的进场是否及时？设备之间的调度是否协调？

续　表

序号	风险因素	风险源
6	基础设施	施工现场供水供电是否充足？交通方不方便？
7	施工组织	施工方案是否可行？施工进度计划是否科学？施工现场平面布置是否合理？
8	施工影响控制	施工过程中有无注意保护周围的生态环境？有无干扰到周围居民的生活？有无对周围建筑和地下管线造成影响？
9	劳工流动	当地的劳工是否充足？劳工的流动性大不大？
10	技术文件翻译	公司是否拥有既会说当地语言又懂工程技术的人才？技术文件的翻译与原文贴近程度如何？
11	项目目标管理	项目目标分工是否明确？是否制定严格的项目目标管理体制？项目目标管理计划是否严格执行？

表 7-16　项目层面：业主方风险清单（RBS 1~2 级）

序号	风险因素	风险源
1	业主支付不及时	业主拖欠工程进度款和竣工结算款的情况如何？业主对承包商的请示回复情况如何？
2	业主干预	业主是否强行干预项目的管理？是否发出一些不合理的指令？
3	需求变更	业主会否因经济问题减少项目工作量或范围？业主是否要求承包商执行合同规定之外的工作？

表 7-17　企业层面：企业风险清单（RBS 1~2 级）

序号	风险因素	风险源
1	融资风险	企业的融资能力如何？融资渠道有哪些？融资是否得到国家支持？

续　表

序号	风险因素	风险源
2	资金短缺	企业的资金运转是否正常？是否有足够的资金维持垫资施工？
3	人力资源管理	企业雇佣当地员工和国内员工的规划是否合理？员工的培训计划和费用如何？薪酬制度是否透明公正？
4	企业内部组织管理	企业的管理团队是否团结？内部是否拉帮结派？与当地建筑企业是否存在腐败交易？管理人员结构安排是否合理？各自的责任与权力是否明确？
5	组织结构	企业项目组织机构采用何种形式？机构设置是否合理？

3. 风险识别的结果

风险识别的最终的成果是建立风险登记册，记录已经识别的风险、潜在的风险责任人和潜在的风险应对措施。

（三）风险评估

风险评估是指根据工程所处的环境，风险管理人员应用统计、概率分析等方法对已识别风险的发生概率和影响进行综合分析的过程。其主要目的是对风险进行优先级排序，筛选出重点关注的高优先级风险。

企业应通过考虑不合规的原因、来源、后果的严重程度及其后果发生的可能性进行合规风险评估。后果包括（不限于）：个人和环境伤害、经济损失、声誉损失和行政责任等。

企业可根据企业的规模、目标、市场环境及风险状况确定合规风险评估的标准和合规风险管理的优先级。

企业进行合规风险评估后应形成评估报告，供决策层、高级管理层和业务部门等使用。

风险具有动态性、紧迫性、临近性、潜伏性、可控性、连通性、可监测性、可管理性、不确定性、相对性、突发性等众多特性。传统的风险评价方法大都认为风险度为风险发生概率 P 与风险损失 I 的乘积，即 $R=P\times I$ 。这种分析方法仅从概率和损失两个维度来评价风险，不能全面反映风险的发生过程和规律，可能会导致错误的结果。有必要将风险分析从两维向三维甚至多维拓展，也就是除了考虑风险发生的概率和风险损失，还须考虑风险的可控性、紧迫性、临近性等风险特性指标，用风险特征向量表示如下：

$R=(R_1,R_2,R_3,R_4,R_5\cdots)$ =（概率、损失、可控、紧迫、临近……）

风险各评价维度的具体含义如下：

发生概率：风险在工程全过程中发生的可能性大小。

损失：风险发生后影响工程进度、质量、成本等目标而造成的损失，以及连带给企业的经济损失、声誉损失和行政责任等。

紧迫性：为有效应对风险而必须采取应对措施的时间段。时间短就说明紧迫性高。

邻近性：风险在多长时间后会影响一项或多项项目目标。时间短就说明邻近性高。

可管理性：风险责任人（或责任组织）管理风险发生或影响的容易程度。如果容易管理，可管理性就高。

可控性：风险责任人（或责任组织）能够控制风险后果的程度。如果后果很容易控制，可控性就高。

可监测性：对风险发生或即将发生进行监测的容易程度。如果风险发生很容易监测，可监测性就高。

连通性：风险与其他风险存在关联的程度大小。如果风险与多个其他风险存在关联，连通性就高。

战略影响力：风险对组织战略目标潜在的正面或负面影响。如果风险对战略目标有重大影响，战略影响力就大。

密切度：风险被一名或多名相关方认为要紧的程度。被认为很要紧的风险，密切度就高。

值得说明的是，并不是每一个风险特性都需要考虑，除概率和损失外，其他的特性根据项目的情况进行选择，并设定相应的权重。各项评分应由经验丰富的专家进行打分，评分的标准应在风险规划中设定，多位专家的多重评分会显著提高风险评估的准确性。表 7-18 是风险评估模型示例。

表 7-18　风险评估模型（示例）

风险 10 分制	维度	概率	损失	可监测性	紧迫性	…	综合 评分	优先级
	权重	30%	30%	5%	5%	…		
风险 A	—	9	8	8	8	…	8.3	1 级
风险 B	—	7	8	5	6	…	6.5	3 级
…	…							

（四）风险应对

企业应建立健全合规风险应对机制，对识别评估的各类合规风险采取恰当的控制和处置措施。发生重大合规风险时，企业合规管理机构和其他相关部门应协同配合，依法及时采取补救措施，最大程度降低损失。必要时，应及时报告有关监管机构。

合规风险的应对主要从五个大方面考虑，即风险上报、风险规避、风险减轻、风险接受和风险转移。详见图 7–2。

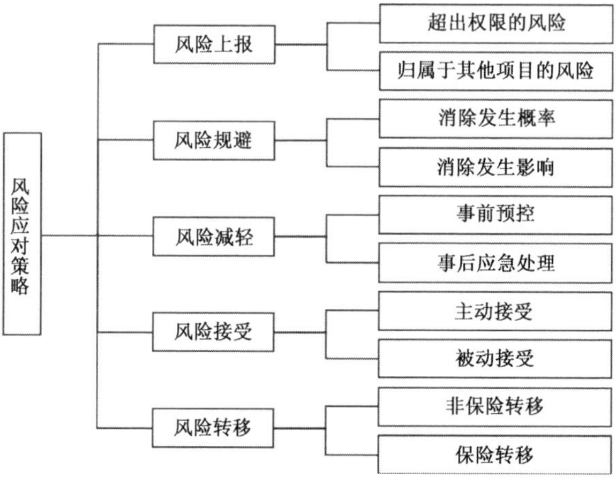

图 7–2 风险应对方案框架图

1. **风险上报**

如果某风险不在职责范围内，或提议的应对措施超出了责任人能力或权限，就应该采用上报策略。被上报的风险将在相应的相关部门加以管理。而风险责任人确定应就风险通知哪些人员，并向该人员或组织部门传达关于该风险的详细信息。

上报策略带来的好处是能在更高层次进行统筹管理，能调动更多的资源来响应风险。合规管理人员应该充分意识到上报并不是责任推诿，也更应清楚地意识到如果在超出职权能力范围内自行管控风险或是瞒报而导致风险没有得到及时有效处理，都将导致最终的失控。

2. **风险规避**

风险规避是指采取行动来消除威胁，避免受威胁的影响。规避策略其应对的核心是“阻断”，即把概率降低到零；或者风险发生了，主体也会受保护而不受影响。

某些合规风险发生概率和损失都很大，但又没有经济有效的措施来减小风险，合规管理人员就应该采取放弃项目或原计划，或者改变目标，避免损失。

采取风险规避策略常须同时满足以下三点：

一是对合规风险要有足够的认识和把握。

二是该风险发生的概率很高，带来的后果很严重。

三是采用其他应对策略的代价超过风险所带来的经济效益，只有采取风险规避才能将项目损失降到最低。

但运用该策略时也须认识以下三点：

一是风险是始终都存在的，规避这个风险可能会面对另外一个新的风险。

二是规避风险也就丧失了从该风险中获取利益的机会。

三是风险规避要把握最佳时机，当断则断。

正如上所述，在采取规避策略的时候，往往需要付出相对较大的代价，因此在制定策略的时候需要考虑经济性和可行性的权衡，如果无法完全规避，可以考虑强化其他策略。

3. 风险减轻

风险减轻是指采取措施来降低威胁发生的概率和（或）影响，最终使风险在可控范围内。当风险应对目标是只需可防可控时，或对于需要完全消除风险（高风险），但因风险特性或其他因素无法采取规避措施时，优先采用减轻策略。

采取减轻策略，在制定具体应对方案时，从决定风险严重性的因素入手，通过强化过程控制来降低概率和损失。

减轻策略一般包括事前控制和事后控制。事前控制是指通过制定防范性措施来降低风险事件发生概率的行为，分为有形的和无形的。

有形的措施如高空作业人员必须系安全带，脚手架挂安全网；进场人员须戴安全帽；易燃易爆材料远离办公场所等。无形的措施如对现场工作人员进行风险教育，制定严格的风险管理制度，采取多种货币结算方式等。事后控制是指通过制定应急处理计划来尽量减小风险事故所造成的损失或抑制事故进一步发展的行为。相应的措施如调整施工进度和材料设备采购计划；准备索赔证据，计算索赔金额，递交索赔报告；查看项目资金链运转状况，调整融资计划等。

4. **风险接受**

风险接受，又称为风险自留。风险接受是指承认风险的存在，事前不主动采取措施，因此它不改变风险的概率和损失，是依靠自身的力量来承担风险事故损失的行为。此策略可用于低优先级威胁，也可用于无法以任何其他方式加以经济有效应对的威胁。对于采用接受策略（暂时不管它）的风险，有两种建议，一是为它建立应急储备，包括预留时间、资金或资源以应对出现的威胁；二是定期审查，确保其并未发生重大改变。

5. **风险转移**

转移涉及将应对威胁的责任转移给第三方，让第三方管理风险并承担威胁产生的影响。采用转移策略，通常需要向承担威胁的一方支付风险转移费用。购买保险、使用履约保函、使用担保书或保证书是转移的最常见手段。

该行为并不能减小风险发生的概率和损失，而只是将风险损失转移给最有能力承担或控制的其他组织或个人。一般分为保险转移和非保险转移。

保险转移是指项目主体通过购买工程保险来将风险转移给保险公司。常见的保险转移措施有：建筑工程一切险、安装工程一切险、社会保险、车险、汇率险等。

非保险转移是指项目主体通过签订合同将风险转移给对方。该方法能够转移那些不可投保但被转移者长于该类风险管理的风险。但要注意被转移者的财务能力，一旦无法承受风险带来的损失而破产，那么最终的损失仍由转移者承担。此外为确保风险转移的顺利落实，在合同中须明确规定双方的权利与责任。常见的非保险转移措施有：工程分包、转包、担保、出售；技术转让；设备租赁；免责合同等。

（五）风险监控

监控风险是在整个项目期间，监督商定的风险应对策略的实施、跟踪已识别风险、识别和分析新风险，以及评估风险管理有效性的过程。

由于在项目实施过程中合规风险是不断变化的，企业应落实监控措施，管理合规义务和对应的合规风险，实现预期的行为。

采取有效的监控措施确保满足合规义务，能够预防或发现不合规事件并纠正。充分而严格地设计各类、各层次的监控措施，以促进企业的活动和运行环境实现合规义务。

比如，控制包括：

· 清晰、实用并易于遵循的文件化运行方针、程序、过程和操作指示；

· 系统和异常报告；

· 审批；

· 划分有冲突的角色和职责；

· 自动化过程；

· 年度合规计划；

· 员工绩效计划；

· 合规评估和审核；

· 管理层的承诺和促进合规行为的其他措施；

· 对预期的员工行为（标准、价值观和行为准则）进行主动、公开且经常的沟通。

风险监控方法如下：

· 风险审计：专人督察风险监控机制的执行情况，并定期对风险执行过程进行审核。

· 风险审查会：定期召开合规风险的审查会，来检查和记录风险应对策略的有效性。在风险审查中，还可以识别出新的合规风险，并及时制定应对措施。

· 技术指标分析：比较计划技术指标与实际技术指标之间的差异。

· 风险预警监督：度量项目在运作过程中某指标偏离预警线的强弱程度、发出预警信号并提前采取防范措施。

结 语

开展境外经营是中国企业实现企业发展战略，参与“一带一路”建设，推进中国与世界各国（各地区）互利共赢的重要方式。强化合规经营意识是企业海外经营行稳致远的前提。

不论国内还是国外，廉洁、合规都已成为世界范围内对企业的基本要求，国际机构以及国家（地区）、行业组织等各个层面的监管力度都将越来越大，企业依法合规经营已经成为当今企业治理的国际趋势。中国的工程建设企业也应当积极顺应国际趋势，认识到建立合规制度、强化合规监管的重要性，努力建设和实施符合国际标准的合规经营制度。

我国工程建设企业在“走出去”过程中，因不合规被处罚的案例比比皆是，而在海外失败项目中的经验教训，往往具有很高的相似度。“屁股出去了，脑袋还留在国内”，这十分形象而深刻地概括了合规问题的成因。我国工程建设企业在国内市场的技术、工期等方面创造了一系列的工程奇迹，但是我们必须清楚地认识到，这些“奇迹”的产生是依赖中国这个得天独厚的市场环境，占尽“天时、地利、人和”，一旦脱离了这个熟悉的市场环境，丧失了赖以创造“奇迹”的土壤，中国承包商很难复制“中国速度”。

我国工程建设企业在几十年“走出去”的过程中所形成的经验，往往是以高成本作为代价的。而用高成本换来的境外工程经验，又常常是低效率的。一方面，获得经验的往往是个人，而个人的经验很难转化为组织合规体系的一部分，常常出现“人走了，经验也被带走了”的怪现象。然后，企业又不得不重新开始“交学费”和积累教训，很少能够像成熟的国际承包商那样，及时把经验和教训总结、固定下来，形成失败项目的案例库。另一方面，我国“走出去”的工程企业之间难以建立有效的沟通交流机制，个别企业的经验教训难以成为整个行业的共同财富。如果不能突破这种重蹈覆辙的恶性循环，我们所付出的“学费”会更加惊人。

因此，我们编制了本书，对境外合规经营的经验予以总结。期望通过我们的努力，把大家的经验串联起来，能使境外经营人员及企业，对境外各国（各地区）的经营方式及合规要求有总体的了解；同时，希望通过本书，加强企业对合规意识、合规文化及合规具体要求方面的重视。

附 录

附录 1 马尔代夫部分政府部门和相关机构一览表

序号	机构名称	网址
1	马尔代夫政府网站	www. gov. mv
2	总统府	www. presidencymaldives. gov. mv
3	人民议会	www. majlis. gov. mv
4	高等法院	www. highcourt. gov. mv
5	总检察长办公室	www. agoffice. gov. mv
6	国防部	www. defence. gov. mv
7	外交部	www. foreign. gov. mv
8	教育部	www. moe. gov. mv
9	卫生部	www. health. gov. mv
10	渔业和海洋资源部	www. fisheries. gov. mv
11	经济发展和贸易部	www. trade. gov. mv
12	旅游部	www. tourism. gov. mv
13	社会及家庭发展部	www. gender. gov. mv
14	伊斯兰事务部	islamicaffairs. gov. mv
15	交通运输和民航部	www. transport. gov. mv
16	迪维希语、文化和遗产部	www. mdlch. gov. mv
17	高等教育、劳工和技能发展部	www. mohe. gov. mv

续　表

序号	机构名称	网址
18	住房、土地和城市发展部	www. housing. gov. mv
19	国土安全和科技部	www. mohst. gov. mv
20	气候变化、环境和能源部	www. environment. gov. mv
21	体育、健身和娱乐部	www. sports. gov. mv
22	建设和公共基础设施部	www. infrastructure. gov. mv
23	青年赋权、信息和艺术部	www. youth. gov. mv
24	城市、地方政府和公共工程部	www. mclp. gov. mv
25	税务局	www. mira. gov. mv
26	马尔代夫海关	www. customs. gov. mv
27	货币管理局	www. mma. gov. mv
28	“one Gov”公共服务平台	one. gov. mv

附录 2　中国驻马尔代夫主要政府部门和机构联系方式

序号	机构名称	联系方式
1	中国驻马尔代夫大使馆	地址：H. Nookurikeela，Dhunbugas Magu 邮箱：mdv@ mofcom. gov. cn 电话：+960-3010636 网址：mv. china-embassy. gov. cn
2	中国驻马尔代夫大使馆经济商务处	地址：H. Nookurikeela，Dhunbugas Magu 邮箱：mdv@ mofcom. gov. cn 电话：+960-3010636 网址：mdv. mofcom. gov. cn

附录3　马尔代夫主要商协会联系方式

序号	商协会名称	联系方式
1	马尔代夫全国工商协会	电话：+960-3321889 传真：+960-3321889 邮箱：mncci@ dhivehinet. net. mv 网址：www. mncci. org. mv
2	马尔代夫建筑行业协会	电话：+960-3318660 传真：+960-3318796 邮箱：maci@ dhivehivehinet. net. mv 网址：www. maci. org. mv
3	马尔代夫旅游行业协会	电话：+960-3326640 传真：+960-3326641
4	马尔代夫海产品加工和出口协会	传真：+960-3314920 邮箱：mspea2009@ gmail. com

附录 4　在马尔代夫主要中资企业一览表

序号	企业名称
1	中国建筑马尔代夫有限责任公司
2	中国交通建设集团马尔代夫旅游发展有限公司
3	中国水电（马尔代夫）有限责任公司
4	中腾微网（马尔代夫）科技有限公司